PENSAMIENTOS EN ACCIÓN

Como alcanzar todo lo que te propones

Isidro Llano

PENSAMIENTOS EN ACCIÓN
Como alcanzar todo lo que te propones

©2018, **Isidro Llano**
©Diseño y Maquetación: ENZOft Ernesto Valdes

ISBN-13: 9781731178039

PENSAMIENTOS
EN ACCIÓN

Como alcanzar todo lo que te propones

Isidro Llano

A ti, emprendedor...

ÍNDICE

INTRODUCCIÓN

Experimentamos el privilegio de una nueva manera de vivir, en un mundo que ha comenzado a manifestarse de formas diversas. Hoy, cuando la tecnología y el Internet imponen las reglas, el hombre también entendió la necesidad y la urgencia de emprender una nueva transformación: la creación desde el interior del hombre mismo, en afinidad con el mundo exterior.

Siempre han existido hombres dotados con niveles de conciencia elevados o muy superiores, que difunden en sus prédicas, mensajes de gran impacto: Buda, Lao-Tsé, Jesús, Mahoma, etc. quienes ejercieron una profunda influencia en otros seres, susceptibles a desarrollar una misión de vida similar.

La tecnología y el Internet hacen que en tiempo real se puedan transmitir, con total libertad y transparencia, cualquier tipo de información o eventos en vivo; también está enfocada en expandir una conciencia más profunda y una visión más vívida del futuro.

La conciencia emerge desde las entrañas del hombre y le manifiesta la necesidad de un comportamiento diferente ante la naturaleza y sus semejantes, enfocándose en comprender y resolver los problemas del planeta en que vive, proteger sus recursos y su futuro como especie. Al mismo tiempo ese mismo hombre se transforma y se supera.

Esta revolución se está desarrollando en silencio, no hay líderes protagónicos, ni armas, ni ejércitos. El proceso está sucediendo y el hombre como principal protagonista está viviendo el nacimiento de una nueva era: La Era del Emprendedor, donde cada uno es su propio líder.

En los últimos 60 años el planeta ha vivido la tercera transformación más importante en toda su historia: la transición de la Era Industrial a la Era Digital o Era de la Información. Ante la turbulencia de los cambios el nuevo hombre es ya una realidad irreversible: es un ser que se construye a sí mismo, voluntariamente, a través de un proceso de reinvención, como ser humano que avanza a un nivel de conciencia superior. El más elevado compromiso de este hombre nuevo es descubrir sus talentos, desarrollarlos, superarse constantemente y al mismo tiempo contribuir con el crecimiento emocional, espiritual, intelectual, físico y económico de otros seres humanos.

Al hombre nuevo se le reconoce no solo como un emprendedor, sino además como un ser más espiritual dispuesto a convertir la vida en su mayor obra y a transformarse en su mejor versión.

Cada momento en la historia es siempre un conflicto; una confrontación entre lo nuevo, que surge como resultado infalible del progreso social, del ingenio humano, y del curso manifiesto de la vida, y lo viejo: lo viejo que lucha por mantener su estatus, por no perecer.

La tecnología primero y el Internet después convirtieron al mundo en una aldea interconectada, provocando una aceleración en todos los sectores de la sociedad, la economía, el comercio y las finanzas, como nunca antes se había visto. Los cambios se han precipitado de manera absolutamente voraz, siendo el cambio la palabra de orden. Quien no esté dispuesto a cambiar y a emprender en la nueva sociedad estará irremediablemente destinado a fracasar.

La tecnología ha sustituido a la fuerza laboral tan rápidamente y de una manera tan efectiva, que el remplazo del trabajador por una maquina o un equipo electrónico ocurre en cuestión de minutos, generando también el mayor conflicto en las relaciones productivas que jamás haya existido en el capitalismo desde su surgimiento: El excedente de capital humano dependiente del estado y la seguridad social. Nada de lo anterior altera la esencia del capitalismo como sistema, el capital sigue ocupando su lugar protagónico dentro de las relaciones de producción.

Reinventarse es una obligación para todos por igual, desde los viejos aparatos de control social, llámese estado, medios de comunicación, sistema educacional, partidos políticos; hasta el hombre en sí mismo. El cambio es para las instituciones un conflicto medular: si cambian, se ven obligados a desaparecer o a perder su rango de influencias; de ahí se deriva el temor de las instituciones a que el hombre adquiera su plena independencia y la real capacidad para ser libre.

Un hombre mientras más libre es, menos depende del estado y sus instituciones. Los ideales de la Ilustración retornan de manera natural: Libertad, Igualdad, Fraternidad, no instituidos por la ley o impulsados por el gobierno, sino que brotan desde el hombre que ha conquistado su libertad desde el ideal de su propia realización personal.

La libertad es un concepto que necesita una adecuada interpretación: esa libertad que se pregona como la multitud de derechos que le son inherentes al hombre: expresión, movimiento, política, religiosa, educativa... no es completa si le mantiene acorralado en el laberinto social y laboral. Un hombre para alcanzar su plena libertad tiene que encontrar el camino hacia su verdadero potencial, tiene que poder desarrollar o al menos intentar su más elevada obra: una vida feliz y con propósito, creada a partir del desarrollo de sus talentos.

La educación y la autosuperación personal son las vías más seguras y correctas en la transformación del hombre y la sociedad y a su vez, constituyen las herramientas más poderosas para conseguir esta nueva revolución.

¿Es el hombre un ser capaz de generar todo lo que quiere y necesita? ¿o simplemente le place? Lo ha demostrado a lo largo de la historia, no obstante, siempre se pregunta: ¿puedo hacerlo mejor? De esta interrogante surge siempre el reto a la superación y al progreso.

¿A qué responde la inconformidad humana? Desconocemos nuestro origen, no entendemos nuestra condición. Al hombre solo le interesa descubrir, explorar.

¿Quién sabe cuál es el propósito de la vida?

El hombre vive para cumplir su única regla: ser feliz. La felicidad es una condición del espíritu que, sin embargo, se manifiesta en el cuerpo, ya sea por estímulos sensoriales que despiertan el bienestar subjetivo o como resultado del despliegue de los talentos personales.

El hombre es lo que quiere ser, lleva dentro de sí, su infierno o su paraíso; el infierno de una vida mediocre destinada a obedecer y seguir patrones impuestos por otros o revelarse y vivir su propia naturaleza: una vida repleta de desafíos y estados de peligro, donde encuentra su propia magia y no puede escapar al hechizo de lo inesperado. Es del hombre elegir el camino de su vida y así escoge también su destino.

Vivir en peligro... Federico Nietzsche... Allí donde está el peligro está también lo salvador... Holderlin.

Nietzsche y Osho.

Federico Nietzsche a finales del siglo XIX se da cuenta que el progreso de la sociedad no es otro que el avance del hombre mismo hacia su propia aniquilación. Con su idea: Dios ha muerto, Nietzsche hace un profundo análisis crítico de la religión, la cultura, la filosofía, el pensamiento, la moral, de la sociedad de su tiempo y pregona la necesidad de un cambio totalmente radical, no de la sociedad, no de la política, ni de la economía, sino del hombre. Nietzsche potencializa la idea de la libertad del hombre como el centro de su doctrina y en añadidura postula los ideales que posteriormente fundaron al mundo contemporáneo.

"Conozco mi destino, sé que un día mi nombre será asociado con el recuerdo de algo tremendo, una crisis sin igual en la tierra, una profunda conmoción de la conciencia, evocada contra todo lo que he creído, exigido y santificado hasta ahora, donde los demás ven ideales yo solo veo lo que es humano, demasiado humano…"

Con sus ideas, Nietzsche se convierte en el pensador que más influencia introdujo en el siglo XX y continúa en el siglo XXI. La muerte de Dios deja un vacío inmenso que es necesario reformular, el sufrimiento humano ya no es el resultado del castigo divino por una conducta desordenada ante Dios, sino un profundo nihilismo generalizado en la sociedad por temores intencionalmente manipulados.

Nietzsche asume la responsabilidad de ofrecer respuestas a esta realidad y trata de encontrarla en la filosofía. Estudia a múltiples autores hasta que entra en contacto con la obra de Arturo Schopenhauer y La voluntad de Poder.

En la evolución de su pensamiento y la profundidad de su ser, Nietzsche adopta como misión, después de la muerte de Dios, ofrecerle al mundo y al hombre una nueva fórmula: El Superhombre. Lo hace a partir de la trasmutación de todas las tablas de valores y la reformulación de nuevas tablas como: La Voluntad de Poder y El Eterno Retorno. La certeza de sus teorías le superó en tal magnitud que su visión continua integra, cual faro, al hombre actual, que emprende el camino de su realización personal. La inmensidad de su visión es tal que al final de sus días la razón le abandona. Hoy el nihilismo embarga a un porcentaje muy elevado de la población mundial.

En su libro "Así hablaba Zaratustra" Nietzsche presenta su fórmula más avanzada acerca de su nueva concepción del mundo y del hombre: el superhombre.

"El hombre es algo que debe ser superado" ...

Él ofrece a través de las transformaciones del espíritu, un camino para aquellos hombres que quieran emprender el proceso de transformación personal rompiendo las viejas tablas de "Dios y el cristianismo", por nuevas tablas: la voluntad de poder y el eterno retorno. Para él, el nuevo hombre es un ser que se supera continuamente, que ambiciona la lucha y el poder, no sobre los demás, sino sobre sí mismo; el superhombre, como le llama, es un punto que una vez alcanzado tiene que ser superado nuevamente a partir del auto conocimiento y el auto dominio de sí mismo.

Para Nietzsche todo conocimiento tiene su origen en el cuerpo, por lo tanto debemos buscar todo el conocimiento que podamos sobre el hombre, tanto de su cuerpo como de su psicología y así se encontrará el camino de la autosuperación.

Nietzsche en su postulado del superhombre nos presenta a su nuevo ser impregnado de las virtudes propias del espíritu, semejante al dios Apolo; y al mismo tiempo, desborda su carnalidad en los placeres de la vida, comparándole a Dionisos. Es en esta dualidad, que su pensamiento penetra en la psicología humana para mostrar un camino de salvación.

En la segunda mitad del siglo XX, otro hombre: Osho, místico, orador y maestro del espíritu nos presenta una teoría similar: El Hombre Nuevo.

Para Osho el hombre tiene que liberarse de todos los lastres que le han sido impuestos por la familia, la sociedad y el estado para encontrarse a sí mismo. También presenta al hombre en una dualidad, en este caso Zorba el Buda, un hombre tan espiritual como Buda y tan amante de la vida carnal como Zorba el personaje de Nikos Kasansakis.

Osho nos muestra al hombre como un ser incompleto que a lo largo de su vida va ir forjando su propio carácter su propia personalidad y su propio ser, a partir, no de la educación religiosa, de la educación política o de su educación formal, sino de la creación de su propia espiritualidad, y del descubrimiento de sus propios talentos, y con ello desplegar todo su potencial como ser humano.

Osho planteó la idea de un hombre nuevo combinando la espiritualidad de Buda Gautama con el gusto por la vida carnal de Zorba el Griego: el hombre nuevo debe ser tan preciso y objetivo como un científico... tan sensible, tan lleno de corazón, como un poeta... y tan enraizado profundamente en su ser como el místico. Su hombre nuevo se aplica a los hombres y mujeres por igual, cuyos roles los vio como complementarios. Este hombre nuevo, Zorba el Buda, no debe rechazar la ciencia ni la espiritualidad.

Un nuevo hombre significa cortar completamente con el pasado, muriendo el pasado y viviendo el presente... De esta manera nos expone a una manera real de ver la vida, en el presente.

Evolución histórica

En 1945 termina la Segunda Guerra Mundial y el mundo se prepara para un nuevo comienzo. Europa totalmente devastada arranca desde sus cenizas a la reconstrucción de las naciones con una carga histórica imborrable.

El protagonismo geopolítico es absorbido por dos nuevas superpotencias que pugnan por demostrar su superioridad en la confrontación más absurda que haya tenido la historia humana: La Guerra fría.

No fueron suficientes dos guerras mundiales que devastaron a una gran parte del mundo; dos bombas atómicas que masacraron al Japón, para que la insensatez humana se vea ahora envuelta en una nueva locura cada vez más peligrosa: la guerra nuclear.

Sobre las mismas bases de la guerra, la revolución industrial alcanza su cúspide, que unida a una cada vez más creciente revolución tecnológica, crean las condiciones del cambio más grande que ocurrirá en el mundo: un cambio de era.

El hombre en su afán inagotable de curiosidad, en su capacidad de trabajo sin igual, establece las normas del progreso en un consumismo insaciable y estilos de vida insostenibles.

El fin de la segunda guerra mundial crea al mismo tiempo el germen que daría lugar a la transformación más profunda sufrida por la sociedad y el capitalismo como sistema. Los niños huérfanos de la guerra y la explosión demográfica surgida en los años subsiguientes serán los portadores de una nueva revolución: La Contracultura.

En la década de los 50 comienza a gestarse por un grupo de escritores de los Estados Unidos, un abierto descontento y crítica hacia los fundamentos éticos, morales, así como los valores sociales y familiares de la sociedad que se conoció como "El movimiento Beat".

La Generación Beat sembró una semilla en la conciencia de Norteamérica y en brevísimo tiempo floreció la desobediencia y la sublevación hacia los valores establecidos. Este movimiento literario es caracterizado por el rechazo a los valores tradicionales norteamericanos, a la sociedad de consumo, a la doble moral de la sociedad.

Estos jóvenes se hacen conocidos también por el uso del alcohol y las drogas, por la libertad sexual, por una conciencia orientada al entendimiento del pensamiento oriental y la meditación, etc. El discurso transgresor del Movimiento Beat confrontaba a la mentalidad conservadora de la época. La mujer participa tan activamente como el hombre en el movimiento y es rechazada por ello.

Aunque el momento Beat desapareció rápidamente bajo el peso de sus propios postulados, dejo un hilo conductor que sirvió de fundamento e influencia a la posterior contracultura y al movimiento hippie en la persona de Allen Ginsberng.

La Contracultura, surge en Inglaterra como un movimiento cultural contra los rígidos estatutos de la era Victoriana. También conocida como "La revolución de Acuario", por coincidir con el fin de la era de Piscis y el comienzo de la era de Acuario —o era de la conciencia— la cual se desarrolla simultáneamente en los Estados Unidos y repercute directa o indirectamente en el mundo entero.

La contracultura es entendida como una revolución cultural, una revolución sexual, y política; es un cambio en el sentido de la vida, y también un cambio cósmico. Es la contracultura una de las últimas utopías del siglo XX enfocada en el cambio como elemento central del progreso humano.

La revolución cultural viene acompañada de una toma de conciencia por la juventud y es el germen de donde se nutrirán otros movimientos como: los movimientos antinucleares, el feminismo, el movimiento por los derechos civiles en el sur de los Estados Unidos, el Mayo Francés, y la primavera de Praga; todos inspirados en la teoría de Henry David Thoreau sobre la "no-violencia", que fuera el argumento utilizado por Gandhi en su lucha por la independencia de la India, por el reverendo Martin Luther King Jr. en su lucha por la segregación racial y los derechos civiles en el sur de los Estados Unidos y posteriormente por Nelson Mandela en África del Sur para eliminar el Apartheid.

La revolución cubana y los movimientos de liberación nacional en África, Asia y América Latina se unen también a este conjuro cósmico que representa el comienzo de una transición aún mayor, más significativa y más profunda: un cambio de era. La transición de la era Industrial a la Era Post Industrial o Era Digital.

En la década de 1960 se produce también un crecimiento económico que facilita el desarrollo del nivel de vida y de confort de las familias en los Estados Unidos y Europa, que da lugar a la ruptura de la juventud con el proyecto de vida de sus padres, la sociedad y el estado. Es el comienzo en la juventud de su propia búsqueda sobre el estilo de vida que quieren vivir.

El elemento rector de todo el movimiento de la Contracultura lo protagoniza la música, específicamente el rock que, con su sonoridad y la letra de sus canciones, aglutinó a la juventud en torno a una diferente manera de expresarse, una desafiante forma de vestir; una provocativa manera de vivir dando lugar al surgimiento de algo que no existía en el mundo hasta ahora: un mundo para la juventud. Eras niño o eras adulto, no existía un mundo para los jóvenes.

El mundo se encuentra en el momento en que las condiciones están creadas para que surja simultáneamente en Estados Unidos e Inglaterra el movimiento Hippie. En los hippies recae toda la responsabilidad del cambio tan tremendo que se va a producir en el mundo a partir del rumbo que va a tomar la juventud en la búsqueda de una nueva realidad y una nueva conciencia.

Surge entonces, el concepto de conciencia expandida, que se manifiesta a través de la psicodelia, al plantearse que no existe una sola realidad sino varias, y van a intentar encontrar esas otras realidades por diferentes vías, pero todas van en dirección a despertar en el interior del hombre un mundo lleno de fantasías, de sueños. En toda esta búsqueda se produce el encuentro con el Oriente, una filosofía y una forma de vida enfocada en la espiritualidad del hombre.

A finales de la década de 1980 y principio de los 90 se produce en Europa del Este la caída del bloque socialista. País tras país, la democracia recupera su lugar y culmina con la desintegración de la URSS. Al mismo tiempo en que esta revolución de la conciencia y la democracia se expanden, la tecnología, los negocios y la forma de hacer la economía comienzan también nuevos caminos, que con posterioridad enriquecerán la revolución más profunda que la humanidad jamás haya vivido: la transición de la Era Industrial a la Era Digital o era de la Información.

El Internet y la globalización son los elementos fundamentales en ese cambio. El mundo y las relaciones humanas, jamás volverán a ser como antes. El patrón que regía la Era Industrial: "estudia para que consigas un buen trabajo", comienza a resultar obsoleto ante los nuevos cambios; la crisis en la visión del futuro aparece, pero no por mucho tiempo.

La nueva era, también conocida como Era Digital establece su propio paradigma: El Emprendimiento.

El paternalismo laboral y de gobierno comienzan a entrar en conflicto con los nuevos postulados que le dictan al hombre la necesidad de conquistar su independencia financiera. Seguir dependiendo de un salario, beneficios y jubilación, son ahora, maneras inseguras de enfrentar la vida.

El nuevo milenio llega y el mundo entra en una dinámica cada vez más veloz, los cambios se suceden con una agilidad nunca vista; quién esté preparado para ellos encontrará oportunidades; quien se oponga está destinado a desaparecer.

Ley de leyes, Dios, la Fuente del Universo. Desde el inicio de los tiempos hasta el día de hoy, la vida se ha manifestado en armonía con la ley motriz; el hombre en el curso de su historia se ha inventado caminos y estilos de vida que en nada sintonizan con el universo. Indiscriminadamente continúa promoviendo la guerra como el negocio más rentable; sobreexplota los recursos naturales y mantiene sin control los niveles de contaminación del planeta. Se incrementa el terrorismo como respuesta a los conflictos religiosos y territoriales. Un nuevo camino se hace necesario…

Este libro pretende mostrar LUZ a los que quieran asumir el desafío de emprender y desvela los principios y conceptos básicos que no se enseñan en la educación tradicional y los cuales se deben conocer, para salir a buscar lo desconocido y perseguir los sueños.

CAPÍTULO I

El Propósito

"Trato de forjar en la fragua de mi espíritu la conciencia increada de mi raza." James Joyce.

El propósito de la vida, de Dios, del Universo, es mantener la armonía entre sus diversos elementos; todo nace y todo muere en un ciclo inevitable e infinito. La naturaleza humana no está separada de ese ritmo, somos seres espirituales que impactamos con en el mundo físico e interactuamos en él.

A lo largo de la historia humana el hombre ha mantenido una actitud agresiva y hostil contra sus semejantes, los animales, las plantas, el planeta y sus recursos. La falta de oportunidades, la explotación laboral, la ausencia de libertades y garantías legales, la corrupción y falta de conciencia ciudadana, entre otros casos, constituyen algunos de los factores que atentan contra cualquier proyecto personal.

Ahora, la mayor violencia de nuestros tiempos, ejercida por un hombre sobre otro, proviene del estado y consiste en impedirle al hombre alcanzar su máximo potencial y utiliza para ello la castración educativa y la dependencia del dinero. Los estados siempre necesitan soldados y súbditos: soldados para conquistar; súbditos para construir. Es hora de cambiar, de restablecer el equilibrio, de alcanzar la verdadera grandeza humana:

Ser tú mismo...

Ser más humano, significa ser más sabio contigo mismo y con los demás. La misión comienza en ti, conviértete en protagonista y no en espectador; lo que está en juego no lo puedes delegar ni aplazar, solo tienes un tiempo de vida: úsalo sabiamente.

El propósito de tu vida es ser libre, encontrar tu sentido al desarrollar los talentos que llevas dentro, como camino irremediable hacia tu plenitud y felicidad.

Este libro te guía para encontrar tu propósito de vida, partiendo de tu autoconocimiento y la necesaria conciencia, capaz de hacer que el deseo irrenunciable de ser tú mismo prevalezca sobre cualquier otra versión manipulada.

Comienza hoy por conquistar tu plena libertad. Encuentra, además de tus derechos y deberes:

- Para que estás viviendo
- Cuál es tu misión de vida en este planeta
- Qué es lo que te hace vibrar
- Qué es lo que te estremece cuando lo realizas

• Qué es lo que harías por pura vocación para alcanzar tu más elevada verdad: ser tú mismo.

Si no encuentras respuesta a tu pregunta más esencial, eres parte de esa gran multitud manipulada por la política y la religión, que se resiste a dar el salto al abismo y disfrutar la inigualable experiencia de volar, aunque en ello le vaya la vida.

Tu actitud, sustentada en tus creencias determina los sentimientos y emociones que te permiten actuar. Si eres capaz de eliminar los pensamientos negativos, tener al ego y a tus miedos bajo control, puedes llegar a conseguir lo que quieras.

Aprende a desarrollar tu inteligencia emocional, a alimentar tu pasión, a nunca perder la esperanza y la fe. Toma la decisión hacer realidad todos tus sueños, de estar dispuesto a comenzar el camino hacia tu emprendimiento, para conseguir el éxito y la prosperidad personal y profesional. Prepárate un plan de acción, cultiva la voluntad y perseverancia necesarias para ahuyentar el temor a fracasar y a comenzar de nuevo. Tu meta es conseguir la riqueza y el dinero necesarios para un mejor proyecto de vida y de familia Edúcate y disfruta de todos tus procesos. Expande tu conciencia e inspira a otros a desarrollar sus vidas plenamente.

A continuación, vas a conocer toda una serie de conceptos y principios básicos, que basado en su comprensión y aplicación correcta, te van a resultar útiles y provechosos si pretendes aventurarte en el arriesgado y fascinante mundo del emprendimiento.

Libertad

"El hombre es un animal de rebaño que lucha para sobrevivir y adaptarse; reclama de Dioses, pastores, presidentes, que les guíen, le sometan y dobleguen, por miedo de asumir el precio de su propia autonomía; el hombre inventó la democracia y se autoproclama libre sin saber que es la libertad". Isidro Llano.

La libertad —para abordarla en toda su amplitud— debemos tener en cuenta que es un término con múltiples aristas. La primera de ellas se refiere a la libertad como estado contrario a la esclavitud, tiene que ver con el sentido físico de la libertad, con el poder que tiene un hombre sobre otro que ha convertido en su esclavo y decidir en todos los aspectos su la vida, incluso la vida y la muerte.

El otro aspecto está relacionado con la libertad psicológica y consiste en la tiranía o el chantaje emocional que un individuo puede ejercer sobre otra persona, grupos o pueblos, valiéndose del poder, el miedo y la intimidación.

El hombre es libre cuando alcanza la emancipación de sí mismo, de otros hombres, de las instituciones, de las religiones y del estado; esto no significa el desconocimiento de sus deberes como individuo hacia otros hombres, las instituciones y el estado. El estado, la institución y el hombre, no te pueden obligar a moverte, a creer, o a matar, pero tú debes respetar la ley, la propiedad y la libertad ajena. Tu libertad termina donde comienza la libertad de otro hombre.

Para que el hombre cuente con una libertad plena esta debe estar garantizada y protegida por el estado de derecho. La libertad se integra al individuo como un derecho natural, y para que sea completa, ésta debe entenderse como la dualidad entre la libertad de y la libertad para.

Por un lado, está la libertad de derechos que le son inherentes al individuo dentro de la sociedad en que vive, como es la libertad de movimiento y expresión, libertad política y de culto, libertad de asociación y educación, entre otras muchas. Por otro lado, está la libertad para decidir sobre sí mismo: La libertad para encontrar aquello que le da sentido a su vida y a desarrollar sus talentos. Es en el desarrollo de sus talentos y en el sentido de la vida, donde el hombre alcanza su máximo potencial, que le conduce irremisiblemente a una felicidad perdurable.

La Libertad es el rugido que emite el hombre desde lo más profundo de su ser, no hacia afuera sino hacia dentro. Es el grito que nadie escucha porque es individual; porque surge en el más absoluto silencio, cuando alcanzas tu máximo esplendor. Libertad es la confluencia de tu ser en plena fecundidad, con la armonía de la vida que te ofrece sus recursos; es la sentencia de muerte de tu ego, porque nunca podrás ser libre si te encuentras atrapado por ti mismo.

Intenta alcanzar ese paraíso que te ha sido otorgado, no afuera sino dentro de ti, e intenta entender que el fruto de la sabiduría es el fruto del silencio; porque es el fruto que alimenta a tu ser, porque es el fruto que contiene tu libertad.

El sentido de la vida.

"Al hombre se le puede arrebatar todo salvo una cosa, la última de las libertades humanas, la elección de la actitud personal ante un conjunto de circunstancias, para decidir su propio camino". Víctor Frankl

¿Qué es el sentido de tu vida? ¿Qué es la vida? ¿Para qué estamos aquí? Poder encontrar repuesta a cualquiera de estas interrogantes, significa una valoración a la complejidad y el misterio que la vida es.

La vida es un diminuto espacio de tiempo entre la eternidad y la eternidad, en sí misma no tiene ningún sentido, la naturaleza no se esfuerza en manifestarse, simplemente es. La vida puede existir en los más insospechados e inaccesibles ambientes, con oxígeno o sin él, en el agua o en la tierra, en lugares gélidos o en las entrañas de un volcán; siempre que existan las condiciones, la vida hace presencia.

La vida no tiene tablas para definir su naturaleza. Fluye, se adapta, se nutre y se destruye desde una fuente inagotable e infinita que algunos llaman Dios, otro espíritu y que es ajeno a nuestra voluntad: es un misterio y el hombre trata de encontrar respuestas.

La vida con sentido es solamente algo inherente al ser humano. En la India el Dharma o propósito en la vida, consiste en encontrar el talento que cada hombre tiene. Descubrir su razón, su propio porqué, único e intransferible, es la misión que cada individuo tiene en la existencia; porque el sentido de la vida plena es aquel que se manifiesta luego de construir o estar en el proceso de conseguir el éxito, derivado del desarrollo los talentos, a grado tal, que te permitan vivir de la manera que quieres, sin limitaciones financieras y con todo el tiempo a tu disposición. Así se llegas también, irremediablemente, a la felicidad.

Tanto si crees en el sentido de la vida, como si no le encuentras sentido, tienes razón.

El nihilismo fue la epidemia que comenzó en el siglo IXX, se expandió en el siglo XX y continúa manifestándose en el siglo XXI. La sociedad de consumo estableció las normas y ahora el hombre no entiende como después de cubrir todas sus necesidades materiales no encuentra salida a su insatisfacción.

El punto más importante en la vida de un hombre consiste en cómo encontrarle sentido a su vida. Para que un hombre, conecte con el logos, o sentido en la vida, tiene que querer encontrarlo, tiene que estar abierto a cambiar sus hábitos, costumbres, formas de pensar; debe tener la humildad suficiente para escuchar y dejarse influenciar por las experiencias ajenas, a fin de comenzar el proceso de auto-descubrimiento sobre aquello que lo complementa como ser humano.

Si no eres capaz de lograrlo solo y recurres a profesionales, permite, que la información que te transfieran, tenga efecto en ti, que penetre, que sea asimilada y que produzca el cambio que tanto deseas. Debes apartar la negatividad y mantener al ego bajo control.

El proceso comienza cuándo identificas en qué eres sobresaliente y qué impacto emocional tiene esta actividad en ti. Es muy importante que descubras lo que te apasiona, para comenzar a definir cuál de las actividades que conforman tu rutina diaria se puede convertir en un proyecto de vida capaz de darte la satisfacción plena. El proceso creativo, no importa de lo que se trate, es el que más estimula, por su propia esencia, la obtención resultados nuevos y diferentes.

Una manera práctica para encontrar el sentido o propósito en la vida es elaborar una lista con todos los aspectos importantes que te puedan ofrecer satisfacción o te ayuden a encontrar el camino a la felicidad; esta lista se podrá cambiar cuantas veces se quiera hasta encontrar una alineación con tus propósitos. El contenido de la lista debe considerar los diferentes aspectos de tu vida como:

- Espiritual
- Familiar
- Laboral o profesional
- Social
- Recreativo
- Salud
- Viajes
- Pareja
- Hijos
- Otro

Con esta lista comienzas a definir lo que van a ser tus metas futuras.

No tener un propósito bien definido lleva la vida a la mediocridad y a la rutina que es, a mi entender, el elemento que más corroe al espíritu creativo. La monotonía te te anula de la manera más abrumadora En ocasiones se llega a tocar fondo y es cuando una persona concibe la idea de atentar contra su propia vida y la de su familia. Muchos de los casos de suicidio en la sociedad se producen en los individuos que pierden completamente el sentido de vivir y son incapaces de entender las circunstancias que le rodean. Pierde la orientación y anula su visión de futuro.

Todo puede cambiar si la persona tiene la capacidad de analizar su situación y balancear las posibilidades entre vivir y morir. Conozco lo que es tocar fondo y perder familiares por esta razón.

Tener el valor de nunca rendirte es la condición necesaria para intentar un nuevo esfuerzo, y para conseguir las metas y objetivos propuestos. Si pierdes el deseo de volver a levantarte y aceptar el reto de del próximo desafío es cuando comienzas a morir interiormente, de manera lenta y absurda. La vida es un regalo que no te exige nada, solo de ti depende cumplir con tu propio destino.

Felicidad.

"La felicidad se alcanza cuando lo que uno piensa, lo que uno dice y lo que uno hace están en armonía." Gandhi.

El hombre es un animal que desarrolló la habilidad de pensar, de crear, de comunicarse oralmente, por escritura, por mímica o a través del arte, y eso lo hace un animal diferente. El hombre esclaviza y explota a sus semejantes, somete a los demás seres vivos, los manipula; viola todas las reglas cuando pretende imponer su voluntad, pero no sabe ser feliz, le falta la conciencia de quien es:

El hombre un ser espiritual viviendo una experiencia humana.

La felicidad es una condición del espíritu, del ser, está fuera del mundo material; se relaciona con la naturaleza del bienestar subjetivo, pero esta no la determina. Los sentimientos los puedes alterar de una u otra manera y llenarte de emociones positivas, pero cuando estas desaparecen; ¿Qué queda? La felicidad es el fin último que todo hombre libre persigue y varía según el nivel de realización personal, familiar, profesional, laboral, social y espiritual de cada individuo.

Un hombre libre es un hombre feliz, aun si le han encerrado en la más oscura de las prisiones. Los calabozos más tenebrosos, solo privan al hombre de movimiento, jamás el espíritu puede ser encadenado.

La verdadera felicidad proviene de la capacidad que tiene el hombre para descubrir sus talentos y poder desarrollarlos ilimitadamente sin obstrucciones económicas, políticas, sociales o religiosas.

La felicidad es un profundo estado de clama y paz interior en un hombre que ha desplegado su potencial. La felicidad es tu espiritualidad en total armonía con quién eres.

CAPÍTULO II

La actitud

Tu actitud es la manera de relacionarte con la existencia, y por la actitud se toman las decisiones que afectan al curso de la vida; una y otra vez tú decides, ante las circunstancias que se te presentan, el rumbo que vas a tomar.

La actitud se determina por los hábitos y las costumbres que desarrollas a lo largo de tu proceso formativo. Está influenciada por las circunstancias y el ambiente donde creces y te desenvuelves, pero nunca son determinantes en la decisión de quien quieres ser.

Desde el momento mismo de la concepción comienza el proceso de formación y autodescubrimiento como individuos. Eres influenciado por los sentimientos de tus padres, quienes son los primeros en marcar el camino de tu proceso educativo, luego, el resto de la familia, los amigos, maestros, tutores, líderes políticos o religiosos, la TV, la radio, el Internet, hasta convertirte en una personas adulta, exitosa, plena, segura de quién eres; o por el contrario, en víctimas inocentes de un proceso errado y maliciosamente preparado para no beneficiarse de tu verdadero potencial.

Las decisiones que tomas están determinadas por tu actitud, y esta a su vez está fundamentada por tus creencias. Para poder analizar correctamente el origen de las decisiones debemos comenzar por determinar donde nacen las mismas.

En los pensamientos originados por tu cerebro es donde comienza todo. Un hombre cuando está ante un estímulo externo origina en su cerebro todo un proceso de reacciones bioquímicas que se desencadenan con una minúscula descarga eléctrica, generada por las neuronas receptoras del estímulo, que lo analizan y crean la información de respuesta; esta información a su vez, se desplaza a través del sistema nervioso hasta la parte del cuerpo involucrada en dicho estimulo, provocando una reacción inmediata; esta reacción genera un sentimiento, y este se transforma en la emoción desencadenante que produce una actuación consecuente.

En sencillas palabras: la acción comienza en los pensamientos y termina con la emoción reflejada en tu cuerpo. Como piensas, así eres e indefectiblemente así te comportas. Es sumamente importante saber que los pensamientos están influenciados por el sistema de creencias que has desarrollado a lo largo de tu vida y que fluyen mayoritariamente a nivel subconsciente.

"La actitud, como dijera alguien, es el aroma de tu corazón."

Como hemos visto, si la actuación viene determinada por los pensamientos, entonces los pensamientos positivos generan un actuar próspero y abundante en resultados positivos. Si los pensamientos son negativos inevitablemente los resultados son pobres, míseros y escasamente provechosos.

Cuando la actitud lleva al hombre a conseguir los sueños y metas personales y, por añadidura a convertirse en una persona exitosa, entonces se ha cumplido el propósito en la vida de este. El éxito es poder dedicarnos a hacer aquello que nos gusta y que por añadidura nos garantiza la vida.

Vivir exitosamente significa también contribuir con el éxito y la felicidad de otras personas.

En la década de 1990 se definió dentro de la psicología una rama conocida como psicología positiva que enfoca su estudio en las experiencias positivas, el bienestar psicológico individual, la creatividad, la resiliencia, y la felicidad.

Una buena actitud está en equilibrio con una sana autoestima y una buena autoimagen. Aunque parecidas, tienen significados completamente diferentes. La autoestima es la manera en que nos valoramos a nosotros mismos, qué opinión nos profesamos y estar conscientes de saber si somos capaces de alcanzar determinados objetivos o no. La autoimagen por otra parte, es la manera como nos miramos y creamos una opinión de quienes somos respecto a nuestra imagen corporal y estética.

Tener una buena actitud es más importante incluso que el mejor de los talentos, porque un talento que no se ejercite o que no se ponga en práctica, no sirve para nada o prácticamente no existe. La actitud es el 80 % a lo que la aptitud corresponde al 20%.

Es muy importante comprender que el ego y la autoestima son componentes de la personalidad del hombre y definen, determinan o complementan su actitud.

Se debe tener conciencia de la relación entre la autoestima y el ego pues son inversamente proporcionales: una gran autoestima significa la anulación del ego y se pueden encontrar casos muy aislados de individuos que son cual faros, o maestros espirituales, destinados a dar luz y sentido a grandes multitudes como es el caso de Buda o Jesús. Otros, como algunos estadistas, o personas que han elevado su nivel de conciencia, a tal punto, que son capaces de desarrollar estilos de vida, guiados por lo más auténtico de su ser: La Madre Teresa o Nelson Mandela.

Un gran ego es sinónimo de una baja autoestima. El ego necesita del poder sobre los demás para ocultar su debilidad; es el caso de los emperadores, algunos presidentes y en grado superlativo los dictadores. El tema del ego lo profundizaremos más adelante

La autoimagen es el otro componente que define como nos vemos a nosotros mismos; y en este caso si se une al ego, necesitamos crear máscaras para poder proyectarnos a los demás. Cuando la auto imagen brota desde el espíritu, el hombre se hace consciente en la vida y todo lo que genera lleva un signo de autenticidad perdurable, propios de un ser magno y sencillo.

Una autoestima baja sin ego significa la ausencia de personalidad. ¿Cuántas personas van por la vida cual fantasmas, perdidos y sin sentido?

Para elegir correctamente la dirección a seguir en tu vida es necesario que conozcas la ley de la dualidad. La vida generalmente es dual y no se puede viajar en sentidos opuestos, ni estar en dos lugares distintos al mismo tiempo, al menos por ahora: saltas o caes; te mueves a la derecha o te mueves a la izquierda; entras o sales; avanzas hacia el éxito o retrocedes hacia el fracaso. Estas haciendo aquello que te empodera y te acerca a tu felicidad o de lo contrario actúas en lo que te debilita y te mantiene sin sentido y sin esperanzas. La capacidad de elegir hace la diferencia.

Creencias

"Creer es crear". Anónimo.

Todo en lo que un hombre cree es su realidad. La creencia tiene en el hombre el poder de crear su existencia. Una creencia es la opinión contundente sobre algo, es una idea con múltiples razones que la empoderan. La creencia es un paradigma creado inconscientemente en el devenir de la vida y muchas veces responde a cuestiones subjetivas que nada tienen que ver con la realidad; se forman sobre la base de información propia y de la información e influencias externas provenientes de la familia, los amigos, los maestros y profesores, etc.

En los primeros años de vida, el niño absorbe la información de manera subconsciente sin cuestionar ni discernir de donde proviene y así va creando sus propias ideas sobre el mundo que le rodea. Las creencias por su origen son personales y difieren de una persona a otra, y en ocasiones son difíciles de identificar.

Quien cree en Dios a través del fanatismo es capaz de atentar contra su vida y la de otros seres humanos por el poder de su creencia. Quien cree que puede superar una enfermedad por grave que esta sea, crea la actitud ante la enfermedad para su sanación, siempre que sea posible. Quien cree con determinación

41

que puede cambiar al mundo así lo consigue. Toda persona que cree conscientemente en su éxito personal, familiar, laboral, financiero etc. lo puede crear. Vivimos la vida a través de las creencias. Creer es poder.

Las creencias, los principios y valores constituyen el fundamento de la personalidad, la conducta y la actuación de cada ser humano.

Cuando tu nivel de creencia en tus propias capacidades y talentos es elevado, con la autoestima correcta y el compromiso de ponerlo en acción, resulta infalible el camino hacia un éxito perdurable. Es rotundamente seguro, porque el poder de toda creencia va siempre acompañado de una determinación firme y resuelta, que hace posible conseguir el propósito anhelado.

Sin esa absoluta convicción sobre un resultado posible no se consiguen triunfos importantes. No se trata de un simple deseo, tiene que existir a nivel subconsciente esa creencia explícita del propósito a conseguir, para generar la energía capaz de producir el propósito anhelado.

Por el contrario, una creencia autodestructiva o endeble tiene un efecto devastador y es en la mayoría de los casos, la causa fundamental del fracaso. Tanto si crees en ti como si no crees, en ambos casos tienes razón: uno para alcanzar el éxito otro para alejarte de él.

Cuando una persona trabaja para crear una nueva creencia debe permanecer en ella al menos por 21 días para crear un hábito nuevo. No se trata de un número mágico, sino es este el período de tiempo mínimo necesario para que se produzca la neurogénesis.

La neurogénesis es la capacidad que tiene el hombre a cualquier edad, de cambiar su vida. Es un proceso físico, células madres pluripotenciales se desplazan de las cavidades del cerebro o ventrículos al hipocampo, o a otras partes del cerebro y se transforman en nuevas neuronas en un proceso que dura 21 días. Se ha podido detectar y corroborar en los laboratorios con técnicas de neuroimagen, que en personas de hasta 80 años este proceso ocurre.

Es posible cambiar una creencia, cuando se trabaja en ella de manera consciente y efectiva, un requisito esencial para que se manifieste la neurogénesis es que la persona esté apasionada intensamente con un proyecto nuevo, con su propia vida, su salud o cualquier otra cosa. Con mucha frecuencia escuchamos que los sueños para que se conviertan en realidad tienen que ser ardientes, casi que quemen en el interior, porque para poder activar este mecanismo mental y hacer posible todo lo que un ser humano se proponga es necesario un cambio en el funcionamiento del cerebro y sobre todo un cambio en el flujo sanguíneo a la zona pre frontal que es donde se localizan la inteligencia y la felicidad y este cambio solo se hace posible desde la ilusión, el entusiasmo y la pasión.

Conjuntamente al entusiasmo derivado de este estado mental, ocurre que se facilita la interconexión de las neuronas y se crean canales de comunicación más efectivos por donde circulan las ideas y los pensamientos que incrementan la creatividad. Este fenómeno es conocido como neuro plasticidad, y su efecto inmediato y a largo plazo es que se cambie físicamente el cerebro y se amplié la inteligencia.

Tienes en tu cabeza todas las herramientas necesarias para poder ejecutar un proyecto de vida acorde a tus fines y deseos. Tú puedes conseguir en la vida todo lo que te propongas si tomas conciencia de tus capacidades y pones la acción necesaria para lograrlo. Recuérdalo, Tú Puedes.

No

"Toda persona si se lo propone puede ser escultor de su propio cerebro." Santiago Ramón y Cajal.

Hay tres tipos de personas que ya han sido bien definidas y calificadas por su comportamiento.

1. Las positivas: optimistas y emprendedoras que llenan la vida con el aroma de sus sueños.

2. Las normales: encargadas de gestar las grandes epopeyas.

3. Las negativas: pesimistas que van por la vida contaminando los ambientes.

Es en las decisiones donde comienzas a desarrollar tu vida, siempre, de una u otra manera, decides que hacer: moverte o estar quieto, hablar o callar, hacer o reposar. Como el día y la noche: no puedes estar en ambos al mismo tiempo, así decides continuamente en tu andar cotidiano y lo puedes concretar al decir sí o no.

El Si, es una puerta abierta que te puede llevar por cualquier camino en la dirección de tus objetivos. El No, es cerrar la puerta para quedarte encerrado en la misma habitación y observar como en el cinema, de la vida otros, se convierten en actores protagónicos y disfrutan del riesgo y la aventura que significa asumir el misterio de vivir.

Decidir vivir tu vida en plenitud es el SI mayúsculo que todo ser humano debe querer por su propia plenitud.

Saber decir no, es en ocasiones tan sabio como su contrario, pues cierras la puerta a aquello que te puede distraer o desviar del curso de tu vida, en pos de tus objetivos.

Una actitud negativa es tan perjudicial y es motivo de tantas malas acciones que debes estar atento cuando conoces a una persona así, para no ser víctimas de su mala energía.

No, es la decisión que lleva a las personas a separarse de la senda de su realización personal, para asumir la rutina y la mediocridad de una vida fácil.

NO, son las dos letras que más daños causan al progreso humano, porque ponen una barrera infranqueable antes de iniciar cualquier acción.

El Ego

"El ego es la mayor de las mentiras que hemos aceptado como verdad." Osho.

El ego es, por su significado más literal, la identidad del yo; es la parte de nuestra mente que nos identifica y convierte en un ser diferente y único. El ego es la colección de máscaras con las que te representas para interactuar en una sociedad llena de egos.

El ego se configura, en parte, por las características que heredas genéticamente, por tu inteligencia y además por el entorno que termina de configurar tu carácter. Con estos antecedentes, formas tu personalidad que nada tiene que ver con lo que realmente eres: un ser especial con talentos y habilidades únicas que debes descubrir y desarrollar para convertirte en la persona para lo cual has nacido.

Cada persona va a recorrer el tiempo que le corresponde de vida experimentando y aprendiendo de cada suceso que en su camino se encuentra; y va a tener siempre la capacidad de elegir qué rumbo tomar ante las opciones que se le presenten. Tú puedes actuar inducido por las emociones, los falsos valores, la avaricia, el ego, o por el contrario puedes actuar en consonancia con tu ser, en su verdadera dimensión. El libre albedrío es tu aliado o tu enemigo en la conquista de tu felicidad.

En la naturaleza, la observación básica de la vida animal, nos muestra como en cada manada o grupo de individuos, existe siempre un macho o hembra líder, llamado Alfa, que marca los territorios, domina la reproducción, establece la jerarquía social a partir de la imposición de su suprema voluntad por la fuerza, el carácter y la astucia. En el hombre, estos mismos parámetros los observamos de igual manera en el comportamiento del ego, ese deseo de marcar la diferencia con sus semejantes y demostrar su superioridad a cualquier precio, ocasionando una autentica lucha de poder y jerarquía, que le mantiene a su condición animal. Solo la conciencia de entender la condición transitoria del individuo en el universo hace que entienda la necesidad de preservar sano el medio en que vive para que sus descendientes puedan continuar la vida en su siclo permanente.

El ego es la barrera que interpones entre tu espíritu y el espíritu de Dios, el ego te separa de tu condición divina. Encontrar el silencio interior, poner a tu mente en estado de reposo, es el camino de tu alma en la búsqueda de su lugar en el universo.

Aprender a convivir contigo mismo, en esos momentos de soledad y reflexión, aceptarte con tus virtudes y tus defectos, es el primer paso para convivir con los demás.

Un hombre consciente de su condición se desprende de sí y dispersa su sabiduría y su verdad sobre sus semejantes porque sabe que así mismo será recompensado.

La distinción entre el ego y el éxito, por la naturaleza de ambos es importante identificarla: el éxito radica en alcanzar o conseguir metas dignas que conjuntamente llevan implícita la realización personal y la felicidad; responde al desarrollo personal y la realización de tus talentos. El ego consiste, por lo contrario, a la necesidad de obtener resultados a cualquier precio para satisfacer la vanidad o el status social. El ego responde al apego material; el éxito a la satisfacción espiritual por el esfuerzo en la conquista un sueño.

La humildad es la antítesis del ego, su enemigo mortal, no existe camino de emprendimiento que no sufra reveses porque el ego se sale de control. El hombre humilde es capaz de crecer ilimitadamente porque su objetivo no es el mérito o el reconocimiento, sino el desarrollo de una misión de vida, más allá de su status social, que involucra a miles de personas, y las ayuda a encontrar el propio camino a su realización; en muchos casos héroes anónimos que planifican su vida en el servicio a los demás.

El Miedo

"El amor y el miedo son las energías más potentes que intervienen en el actuar humano. Si obras desde el amor la vida florece, si obras desde el miedo la vida muere". Isidro Llano.

El miedo es dentro de las emociones humanas una de las más importantes y asimismo una de las más contradictorias. El miedo forma parte del llamado mecanismo de supervivencia, que tiene el hombre para proteger su vida y se caracteriza por generar un estado de ánimo desagradable ante la presencia de un peligro o amenaza.

Sin el miedo, no hubiese sido posible la supervivencia de la especie humana o de cualquier otra. Ante la presencia de un peligro, el miedo te hace reaccionar de una u otra forma: huyendo, quedándonos quietos o atacando. El fin último del miedo es proteger la vida propia o la de un ser querido

El miedo al ser un mecanismo del cerebro para protegerte de los peligros, comprende variadas apreciaciones: biológicas, psicológicas o sociales, debido a las múltiples razones que lo pueden generar.

El mecanismo de supervivencia está situado en el cerebro, y comienza a desarrollarse en la parte más antigua conocida como cerebro reptiliano, que regula las funciones esenciales de la vida como son reproducción, el sueño, la respiración y al mismo tiempo se vincula o conecta con el sistema límbico, que es el encargado de gestionar las emociones y, que tiene en los núcleos amigdalinos el interruptor para que se desencadene el mecanismo ante una amenaza o un peligro. Sin el mecanismo del miedo el hombre no hubiese podido sobrevivir en la naturaleza, pues ante la presencia de un depredador, o un peligro natural, su reacción habría sido nula.

La activación del mecanismo se supervivencia ante un peligro genera cambios fisiológicos inmediatos en el cuerpo, encaminados a ofrecer la escapatoria. Estos cambios son: aumento del ritmo cardíaco, para llevar mayor cantidad de sangre y oxígeno a los músculos mayores y el aumento del nivel de glucosa en sangre a fin de dar una respuesta más rápida y efectiva; las glándulas suprarrenales incrementan el flujo de adrenalina y cortisol en sangre, aumenta la presión arterial; el sistema inmunitario, reproductor, digestivo, dejan de funcionar; se elimina el flujo de sangre a la zona pre-frontal del cerebro donde se localizan la inteligencia, la felicidad y la creatividad; se dilatan las pupilas y se abren de sobremanera los ojos para permitir una mejor iluminación y visibilidad. Este mecanismo desencadena toda una auténtica revolución en tu interior en milésimas de segundo para responder adecuadamente ante los peligros.

¿Cómo puedes entender que una vez fuera de todos los peligros ambientales, en medio de la sociedad moderna, el miedo haga su aparición nuevamente?

La pérdida de un trabajo o miedo a salir de la zona de confort, son algunos de los ejemplos que generan la activación del mecanismo de supervivencia de igual manera que cuando estás ante un peligro real. Cuando este mecanismo se mantiene activado de forma prolongada en el tiempo genera un estado mental conocido como estrés que puede llegar provocar la depresión, debido a la saturación de adrenalina y cortisol en sangre. Un estilo de vida saludable, dieta, ejercicio físico, buen sueño, ayudan favorablemente a superarlo.

La zona de confort es la rutina que desarrolla un ser humano en el entorno que conoce y domina, para asegurase cierto nivel de "tranquilidad" y es allí donde crea una serie de hábitos y actitudes que le mantienen en un estilo de vida simple y sin contratiempos, aunque no sea ese, el estilo de vida que desea. Vive así, sin atreverse a experimentar nada nuevo. El miedo a lo desconocido le paraliza y le impide dar el salto que necesita para reorientar su vida.

Generalmente a las personas no les gusta salir de su zona de confort. Esto es debido al miedo a fracasar, a ser rechazados, a asumir nuevos retos y aventuras; y de eso se trata este libro, de cómo superar los miedos que atentan contra los emprendedores.

Contrario al mecanismo de supervivencia existe el mecanismo de adaptación, el cual se activa cuando el hombre decide explorar fuera de la zona de confort, y comienza a utilizarlo para su beneficio.

Es el caso típico de un náufrago, que lejos de deprimirse o quejarse, busca en su nuevo territorio todo aquello le puede ayudar a sobrevivir. La actitud que asumes ante la vida hace que uno de estos mecanismos se active.

Recuerda, todo depende de ti.

CAPÍTULO III

Inteligencia

"El mayor descubrimiento de mi generación es que un ser humano puede alterar su vida al alterar sus actitudes". William James.

El ser humano, cuando es analizado en el entorno en que se desenvuelve, en el momento de decidir y solucionar los problemas que se le presentan, por lo general, se le valora por el conocimiento racional e intelectual que posee y de esta manera se le califica como: genio, inteligente, torpe, etc.

El factor inteligencia se puede entender como la habilidad, según la capacidad del individuo, para afrontar los acontecimientos y circunstancias de la vida y elegir la manera más acertada de encontrar soluciones.

El hombre, de una manera muy variada, interactúa con la naturaleza y sus fenómenos, con los animales, las plantas y los demás seres humanos. Para entender esta interrelación debes ampliar el abanico de posibilidades con que mira la vida. La diversidad de acontecimientos e influencias que condicionan la apreciación de cada suceso o fenómeno en la rutina diaria de cada hombre o mujer, debe verse no solo con el prisma racional e intelectual sino también bajo el multicolor filtro de las emociones.

La inteligencia se manifiesta de diferentes maneras en el momento de resolver situaciones ya sean numéricas, literarias, artísticas, cinestesias, musicales, financieras, económicas, especulativas, etc.

La inteligencia humana según la historia, se determina por el nivel y cantidad de conocimientos que un individuo es capaz de acumular, analizar y procesar; es por ello que la educación general básica tiene como punto medular la evaluación de los conocimientos que el estudiante es capaz de memorizar y razonar, dándole muy poca importancia a los elementos subjetivos como el amor, el miedo o la pasión, que en definitiva son los que hacen posible la toma de decisiones de una persona.

Es desde la época de los antiguos griegos que llegan los primeros atisbos sobre la valoración de la inteligencia y como ésta se ve influenciada por las emociones y los estados de ánimo. A principios del siglo XX la psicología comienza a analizar la importancia y hasta qué punto son determinantes las emociones y los estados de ánimo en el comportamiento humano.

William James expresó:

"El mayor descubrimiento de mi generación es que un ser humano puede alterar su vida al alterar sus actitudes"

Con posterioridad son múltiples los autores que se han dedicado al estudio y ejercicio de la psicología y la psiquiatría y han podido demostrar el rol que juegan los sentimientos, las emociones y los estados ánimo en el comportamiento del hombre.

John D. Mayer es quien comienza a desarrollar la definición de inteligencia emocional. En 1995 Daniel Golean lanzó su libro: Inteligencia Emocional y el término cobra su merecido reconocimiento y divulgación.

La inteligencia emocional es la capacidad de ser conscientes de los sentimientos, estados de ánimo y emociones, tanto propios como ajenos, y la habilidad para gestionarlos.

Se desprende de este concepto la toma de conciencia de quienes eres, cuáles son tus habilidades, fortalezas y talentos para utilizarlos en el andar cotidiano y saber controlar adecuada y conscientemente el poder que las emociones tienen en tu actitud.

La inteligencia emocional es el punto de partida para encontrar el sentido a la vida, porque aquello que el hombre hace y le genera algún tipo de emoción es lo que le va a indicar el camino a seguir hasta encontrar su verdadera vocación; por el contrario, al no encontrar nada que le conmueva el nihilismo se apodera de él.

El concepto no solo está referido a tus emociones, sino que se expande a los sentimientos y emociones de otras personas, lo que te hace susceptible a las sensibilidades ajenas, conocida esta facultad como empatía.

La empatía tiene su fundamento en un reciente descubrimiento de las neurociencias Se trata de un cierto tipo de neuronas llamadas: neuronas espejo, que se activan cuando haces alguna actividad o reaccionas ante un estímulo, simulando los movimientos y acciones de otras personas.

Un elemento más, desmembrado del concepto de Inteligencia Emocional, es el referido a como se asimilan las relaciones con otras personas para poder persuadir, motivar e influenciar a las mismas en su búsqueda de la realización personal. Esta es a mi juicio la habilidad más importante para ejercer un liderazgo verdadero y auténtico.

Las diferentes habilidades que conforman las inteligencias no puedes verlas de formas aisladas, sino como un todo, donde unas y otras se complementan y se interrelacionan. Intelecto y emoción, razón, y sentimientos van de en la mano, el verdadero talento consiste en mantener el justo equilibrio.

Ante una situación de peligro, una persona se puede bloquear por el miedo que siente ante la misma, puede huir o afrontarla, dependiendo de la repercusión que esta puede tener para su vida; y al propio tiempo el intelecto le ayuda a valorar y a superar al miedo, en la medida de lo posible y de la magnitud del mismo.

Es incomprensible como hay personas que se paralizan ante miedos inexistentes o aparentes situaciones de peligro, y les resulta imposible emprender cualquier proyecto personal, educativo, laboral o empresarial, etc. por no querer salir de la mal llamada zona de confort, por no atreverse a tomar la decisión de dar el salto a lo desconocido, por no tener el valor necesario para afrontar la vida y aceptar sus retos.

La pasión es la cualidad más importante que genera la energía necesaria a la hora de emprender un proyecto nuevo. Unido a ella debe estar la capacidad de trabajo, que permita desarrollar el plan de acción requerido, y así alcanzar las metas propuestas. Se debe tener la mente abierta a que no siempre se consiguen los resultados deseados, y como consecuencia, la necesidad de reorientar el trabajo sobre la base de las experiencias adquiridas.

La verdadera y más provechosa inteligencia para cualquier persona está conformada por el equilibrio entre su intelecto y sus emociones, conjugadas con una voluntad inquebrantable para cumplir el propósito de vida hasta el fin. La mejor herramienta para cultivar una vida inteligente radica en una humildad autentica para aprender y superarse siempre.

La Pasión

"La pasión es el amor elevado al cuadrado. Unas veces nos devora y otras nos santifica". Isidro Llano

La pasión es la condición más importante en la vida del hombre que quiere vivir plenamente y se presta a desarrollar cualquier proyecto; enamorarse y creer firmemente tanto en sí mismo como en la posibilidad real de realizarlo, son ingredientes indispensables para conseguir el resultado deseado. La pasión es el turbo-generador que todo hombre lleva escondido en su interior; los sueños, el combustible.

La pasión proviene de un corazón resuelto y comprometido con un propósito. La pasión activa a la parte creativa de la razón para ayudarte a cumplir tu misión de vida: las artes, la educación, los oficios, el servicio público, el deporte, etc.

La alegría y el entusiasmo son algunas de las manifestaciones más conocidas de la pasión. Las personas alegres siempre son bienvenidas en cualquier ambiente, la alegría contagia, hace más hermosa la vida, más saludable, sus beneficios te elevan en la condición del ser.

¿Cómo encontrar tu pasión en la vida?

La pasión va contigo todo el tiempo, unas veces visible, otras oculta. La clave para encontrar y manifestar la pasión es desarrollar la inteligencia emocional. Necesitas saber qué es lo que te hace vibrar en la vida, qué es lo que te hace comenzar cada día con una ilusión en la mente, lo que te hace soñar constantemente... lo que amas.

Lo que te apasiona también, en ocasiones, te hace sufrir cuando no lo posees.

Lo que apasiona de la vida, es darle un sentido a tus dones, para convertirlos en un proyecto de vida, para que tengan un nivel de profundidad más allá de un simple hobbie o deseo.

Identificar en que eres bueno, qué habilidad posees, que te destaque sobre otras personas, es un aspecto estimable a la hora de encontrar tu pasión, aunque no necesariamente ocurre de esta manera, pues cuando un ser humano pierde la pasión por lo que hace, aun siendo brillante, de nada le sirve tal habilidad. Deben que existir ambos componentes: la parte objetiva en lo que eres bueno y la parte subjetiva que te llena de frenesí por lo que haces.

El éxito y la pasión van de la mano, alcanzas el éxito verdadero cuando viene acompañado de la pasión, porque allí está la felicidad. El éxito sin la pasión se limita a un simple resultado, mayor o menor pero un resultado. La felicidad es soñar apasionadamente con algo; el éxito es conseguirlo. Cuando la pasión desaparece, la fórmula es incompleta.

El altruismo, la empatía y la compasión son cualidades que despiertan una gran fuente de pasión, no por los resultados materiales o personales, sino por lo que significa ayudar y servir a otras personas, es esa la mayor fuente del humanismo.

Pensar y Pensamientos

"Ni tus peores enemigos pueden hacerte tanto daño, como tus propios pensamientos." Buda.

Pensar es una de las funciones del cerebro y la acción de pensar es una decisión que realizas conscientemente cuando necesitas desarrollar alguna idea, elaborar algún proyecto o simplemente crear algo nuevo.

Los pensamientos fluyen por el cerebro todos los días de manera ininterrumpida. Tenemos entre 60 mil a 70 mil pensamientos diarios, generalmente los mismos, día tras día y no siempre resultan ser positivos. Te corresponde a ti tomar conciencia de tus pensamientos y darle el curso más beneficioso para enfocarte constantemente en lo que quieres. Allí donde enfocas tu atención, va tu vida.

La mente y lo que se piensa es el activo o el pasivo número uno con el que cuenta un hombre; dependiendo del tipo de pensamientos que genere, así son los resultados que obtiene. Los pensamientos positivos, creadores de nuevas ideas o proyectos, se convierten en un activo. Los pensamientos negativos y destructivos, son el pasivo principal en cualquier nuevo proyecto.

Cuando un hombre se propone estar en paz, emprender algún proyecto o tener éxito, su primera acción a tomar, es analizar la manera en que se habla a sí mismo, en alta voz o en silencio. El dialogo interno es crucial para mantener una actitud correcta y poder conseguir el enfoque constante en lo que quieres lograr. El hombre es lo que piensa. Cambiar la forma de pensar, cambia tu actitud.

Cuando el diálogo interno es amistoso, positivo y se proyecta en alinearte con tus objetivos, debes continuar alimentando y enfocando todos los pensamientos en su realización. Este comportamiento va a favorecer a la conversación interna, que a su vez es el requisito fundamental para tomar la acción que está destinada a hacer realidad tus sueños. Como te hablas a ti mismo es la acción más importante que realizas en tu vida porque ahí es donde defines el rumbo hacia dónde quieres ir.

El investigador japonés *Masaru Emoto* demostró en sus estudios sobre el agua, que ésta tiene memoria, y responde a los diferentes estímulos a que es sometida. De una manera muy simple tomó agua de diferentes fuentes, unas contaminadas y otras puras, y las congeló; al observar en el microscopio los cristales de hielo que se creaban mostró como en el agua pura los cristales florecían en formas maravillosas mientras que en el agua contaminada eran deformes o amorfos.

También comprobó cómo el mismo, agua al ser sometida a diferentes estímulos, reaccionaba de maneras distintas. Al exponer un frasco con agua a sensaciones positivas y agradables, como el amor y la empatía, los cristales tomaban formas exquisitamente bellas; por el contrario, al gritarle y proferirle sentimientos de odio y agresión, el agua se congelaba sin formar cristales.

El cuerpo humano está compuesto en un 70% de agua, entre otras sustancias, y cuando se le somete a estímulos e influencias negativas, los resultados son nocivos para la salud del organismo. Por otro lado, si la persona misma genera este tipo de pensamientos autodestructivos, conseguirá autodestruirse y enfermarse sin remedio. Estos son los individuos de los cuáles tienes que alejarte, porque contaminan todo a su paso. Esa es una de las causas de muchas enfermedades degenerativas, que antes eran casos raros y aislados, y ahora abundan por doquier.

En sentido opuesto, existen las personas que piensan y actúan positivo, y son los que generan una energía capaz de influenciar a su entorno y conseguir cambios milagrosos. Personas como estas, son quienes portan un mensaje y una misión, dignos de ser imitados.

Esperanza y Fe

"Hay tres cosas en la vida que no se pueden perder: la esperanza, la paciencia y la honestidad." Anónimo.

La esperanza es la última de las oportunidades para aquellos que pierden el sentido de la vida, porque les permite ver, que incluso allí, donde solo hay devastación, también se puede recomenzar.

La esperanza está sumamente vinculada con la Fe y la Visión, pues parten de una realidad inexistente que se añora conseguir, trátese de la espiritualidad o de la realidad material, y que sabes que un día llegará.

La esperanza nos da la certeza de hay algo bueno en el camino, la visión lo muestra, aunque no existe, y la Fe asegura que lo vas a conseguir. La fe y la creencia no tienen un significado sobrenatural, son las cualidades que te conectan con la esencia de la vida, con el espíritu del universo, y con Dios.

Llevar una vida congruente a la fuente creativa de la vida presupone que todo aquello que te propongas con total resolución va a suceder a tu favor en el momento adecuado. Nunca se puede perder la esperanza porque en ella va tu vida, la condición más elevada, tu esencia. El tiempo que dure es el necesario para cumplir tu proceso de formación o auto-transformación, necesarios para convertirte en el estandarte humano más auténtico, en tu mejor versión.

CAPÍTULO IV

Emprendedor

"No busques tu verdad: Créala." Isidro Llano.

Emprender es la palabra de orden en la nueva era. Todos estamos en la vida para emprender. Emprender es tomar la decisión de hacer algo nuevo, fuera de toda regla. Lo nuevo solo se conoce en la incertidumbre, en el peligro.

El emprendedor es un hombre que cree profundamente en el nuevo proyecto que va a comenzar, cree en sí mismo y tiene la confianza de alcanzar un resultado a su favor. Sabe que, si fracasa, tendrá la experiencia para volver a intentarlo; el emprendedor es perseverante por naturaleza, no espera que sucedan las cosas, él hace que suceda lo nuevo, tiene una actitud abierta a aprender y a trabajar en lo desconocido, fuera de su zona de confort.

Es importante notar que, emprender no significa lanzarse al azar a realizar algo; el emprendedor debe tener el conocimiento técnico elemental de la empresa o proyecto que va a iniciar, y estar abierto a aprender todo lo que pueda sobre la misma, hasta convertirse en un profesional del sector.

La acción coherente y el enfoque correcto en el nuevo proyecto son las armas más valiosas para hacerlo posible. Una vez que comienzas a trabajar en tu proyecto debes saber que hay un precio a pagar, que no es negociable. El éxito no es casual, tienes que estar dispuesto a sacrificar tiempo, dinero y emociones para alcanzarlo.

El emprendedor por lo general nunca opera solo, se arma de un equipo de trabajo, que debe estar estratégicamente bien equilibrado; cree y confía en las personas y está dispuesto delegar en estas, algunas responsabilidades. El emprendedor le gusta ofrecer un servicio a los demás, porque sabe que el éxito de su empresa depende de la mayor cantidad de personas a las que pueda alcanzar con sus productos o servicios.

El emprendedor no se queja, no culpa a nadie de sus fracasos, los toma como maestros; debe tener la humildad suficiente para dejarse ayudar. La pasión y el amor por lo que hace son los ingredientes especiales que todo emprendedor necesita para encaminar su proyecto.

El emprendedor necesita tener una visión clara y vívida del futuro de su proyecto y necesita crear un sistema, o encontrar una estrategia que le haya funcionado a otros, para utilizarlo como una herramienta de trabajo.

Para los griegos el termino piratear era usado para referirse a aquellas personas dispuestas a esforzarse, a salirse de las normas y pretender conquistar algo más de la vida e intentar conseguir fortuna en una aventura. Los griegos se hacían a la mar enfrentando el desafío de lo desconocido, y como única recompensa tenían, lo que fuesen capaces de conseguir por ellos mismos; con el tiempo el término piratear derivó al significado que utilizamos actualmente.

Debes tener claro que para un emprendedor también influye, y mucho, el apoyo de su familia, de su pareja y de los amigos; que en el país donde va a emprender existan las garantías legales necesarias para respaldar su proyecto y, por último, un poco de buena suerte nunca está de más.

Saber entender la conjugación entre las circunstancias que rodean al hombre y lo que el hombre determina y decide con ellas, es el fenómeno que se manifiesta en las personas dispuestas a hacer de su vida, algo más que una simple estancia en la existencia.

Los emprendedores son aquellos que toman el camino con tanta heroicidad y devoción que el acto mismo de vivir lo convierten en una aventura maravillosa. La vida es meramente circunstancial, cambia con las interpretaciones que haces al incursionar en ella, y se determina por las decisiones que asumes cuando te atreves air por más.

Cuando un emprendedor ha acertado con un proyecto y han comenzado a florecer los beneficios del mismo, debe extender una parte de los beneficios al resto del equipo de trabajo, trátese de una o de miles de personas; pues, por una parte, ellas son las que le ayudaron a conseguir ese resultado y se merecen también disfrutar de las recompensas, y por otra, la más importante, que es mi visión sobre la nueva era: está comenzando a hacer la diferencia con el resto de las empresas de su sector.

Está comenzando a hacer una redistribución de la riqueza de una manera más consciente y equitativa.

El 1% de la población mundial es dueño del 90% de la riqueza existente en el planeta. Si un trabajador es reconocido como parte del proyecto y recibe los beneficios del mismo, su actitud y su rendimiento también va a ser mejores.

Sueños

"La felicidad consiste en soñar; el éxito en convertir los sueños en realidad." Luis Costa.

Todo lo que existe en la realidad y que haya sido construido por el hombre, primero existió en la mente de este. Soñar es el requisito previo y obligatorio para que exista un resultado posterior.

En el camino a la realización personal es supremamente importante saber qué es lo que quieres de la vida, cuáles son los sueños y los objetivos que deseas. Los sueños son el faro hacia el cual vas a encaminar todos los esfuerzos.

"Una persona sin un sueño no vive," dice *la Biblia*

El sueño es el que te mantiene activo e inspirado, es el indicador de tu felicidad. En la lucha por conseguir tus sueños es donde tu vida cobra sentido, es donde se genera la energía para poder mantenerte en la acción, requisito imprescindible para hacerlos realidad.

El sueño es la esencia de la felicidad humana, es una condición del espíritu que te proyecta al éxito futuro. Soñar es un atributo exclusivo del hombre, es la cualidad que le distingue del resto de los animales y le ubica en un nivel más elevado.

Lo que hoy sueñas, si te esfuerzas, mañana lo serás y lo tendrás.

El poder de los sueños es fundamental en la vida del hombre porque le permite pre-visualizar o dibujar un boceto de lo que va a ser su futuro. La mente humana, por su propia naturaleza, genera entre 60 mil a 70 mil pensamientos diarios, ya sea en la dirección de tus sueños o en su contra.

Para poder encaminar tu vida en la dirección de tus sueños necesitas tener tus pensamientos alineados a tus sueños; mientras más definidos, claros y precisos sean, más fácil lo consigues.

Para transformar un sueño en una realidad, tú necesitas, a nivel subconsciente, hacer que este se grabe en la mente con tanta precisión y claridad, que puedas sentir y comportarte de igual forma como si ya existiera en la realidad, esta es la manera en que los mecanismos mentales se activan y comienzan a funcionar, haciendo todo lo que haya que hacer para conseguirlos.

Un escultor primero imagina la obra en su mente, hace los bocetos, proporciona las medidas y luego toma la acción sobre el material y este proceso es así para cualquier cosa que quieras hacer en tu vida.

Decisiones

"Yo soy yo y mis circunstancias." Ortega y Gasset.

Analizando la frase de Ortega y Gasset: *"yo soy yo y mis circunstancias"*, la podemos reconstruir de esta manera:

"Yo soy yo y mis decisiones."

Cuando un hombre emprende el camino para ejecutar sus sueños, sabe que tiene decisiones importantes que tomar, y no son nada fáciles. Todo lo que haces en la vida se origina en una decisión: A qué hora te levantas, que ropa te pones, que destino sigues, a quien tomas como pareja, como te alimentas, que tipo de pensamientos tienes, en que negocios inviertes. Los resultados en la vida los consigues por las decisiones y las acciones que tomas, por lo tanto, a cada decisión le sigue una meta y un plan de acción.

En muchas ocasiones las decisiones están permeadas por las circunstancias, pero estas no la determinan. El poder de una decisión está por encima de cualquier circunstancia; puedes cambiar las acciones, modificar el plan de acción, pero la meta es siempre el objetivo a conquistar, inmodificable e invariable. Un hombre que abandona una meta sin haberse esforzado lo necesario está condenado a fracasar infaliblemente.

Decidir es uno de los temores mayores a los que se enfrenta el ser humano, porque la incertidumbre le aterra; y es precisamente por no querer salir de su zona de seguridad o por no querer asumir los cambios que se derivan de la propia decisión.

Las decisiones que tú tomas en tu vida están sustentadas en gran medida por tus creencias, tus hábitos y las afiliaciones políticas o religiosas que tienes sobre la vida y su funcionamiento.

En el universo todo es un caos que Dios muestra como un gran equilibrio. La gran mayoría de tus decisiones responden más a un componente emocional que racional. Saber cuándo operar por tus emociones, o cuándo por tu inteligencia, es lo que te convierte en un hombre sabio.

Tus decisiones deciden tu vida. Puedes crear la vida que quieres si tomas las decisiones correctas.

Acción

"Ser, hacer y tener." Anónimo.

La acción es la fuerza que mueve al mundo. Todo lo que se ha construido en el planeta por el hombre partió de la mente de un creador que dibujó en su cabeza la obra a realizar y, tras la acción consecuente, obtuvo el resultado que esperaba.

La acción enfocada a un objetivo concreto es muy certera. La acción masiva, aún más. El trabajo constante, dosificado por las circunstancias, te va a ofrecer siempre un resultado, cuando requiere sudor: sudor, cuando lo necesario es la paciencia de un monje. Si te mantienes al ritmo correcto, con la intensidad y constancia requeridas, llegarás al punto en que la sinergia te atrapa y se genera el MOMENTUM: el punto crucial para llevar tu obra a su máximo nivel.

Cuando el resultado que obtienes no es el deseado, puede ser condicionado por dos factores:

- Estabas moviéndote en la dirección incorrecta.

- La visión del objetivo no era clara.

Corregir el rumbo y recomenzar nuevamente es la próxima acción en el camino. Cuando el error se repite o el fracaso aparece, entonces debes analizar si realmente vale la pena seguir en el empeño o si es mejor prepararse para un nuevo proyecto.

Tener el valor de recomenzar una y otra vez después de múltiples fracasos, es una de las concesiones, destinadas solo para los espíritus más arriesgados y valientes, para aquellos que hacen del dolor una dosis necesaria en su crecimiento. El dolor, sea físico o emocional, es un ingrediente alquímico en la ejecución de cualquier obra magna, porque no solo transforma el barro en arte, sino que además devela el potencial del artista. Saber resistir ante el dolor que te puede provocar un fracaso es el paso que te acerca más y más, al resultado final.

El genio es una pequeña chispa de inspiración y una gran dosis de trabajo. Por momentos, y es casi una tendencia en la sociedad actual, querer obtener resultados inmediatos sin invertir capital y sin hacer esfuerzo. Cuando alguien se acerque y te presente un proyecto en el que no haya que trabajar, ni implique ningún esfuerzo; aléjate de él, porque no hay nada bueno que no se construya trabajando.

Para poder ejecutar correctamente cualquier empresa en la que se hayan producido fracasos anteriores, es necesario además, contar con la herramienta más efectiva para saber corregir correctamente los fallos anteriores:

La Disciplina.

La disciplina se entiende por un conjunto de normas de comportamiento impuestas sobre los individuos por parte del estado, la familia o las instituciones, a fin de obtener un determinado comportamiento, ya sea de orden personal, educativo, artístico, deportivo, laboral, social o militar, etc. La autodisciplina en cambio, viene determinada por el propio individuo, es más difícil y necesita de una conciencia más profunda.

En la disciplina está el embrión de la conciencia del hombre, que sabe dirigir sus pasos para una mayor evolución; requieres de mucha comprensión para ascender al siguiente nivel: la autodisciplina.

Con la autodisciplina desaparece el imperativo externo, solo quedan algunos juicios y valoraciones que te mantienen en la senda del progreso personal. En la autodisciplina todavía permanece la imposición por el propio individuo de las normas a seguir.

La conciencia fluye del individuo sin ningún tipo de imposición, las normas se han grabado tan rotundamente en el subconsciente que no requieren de ninguna coerción. Los niveles más elevados de conciencia solo se manifiestan en hombres muy selectos.

Perseverancia

"Quien mueve montañas empezó apartando pequeñas piedras" Confucio.

El talento y la acción nunca son suficientes sino vienen acompañados de la perseverancia. Ser una persona perseverante es producto del cultivo de la fuerza de voluntad. La perseverancia es el requisito indispensable para el éxito, porque el éxito nunca llega sin pagar el precio y solo aquel que persevera es capaza de superar todos los obstáculos que el recorrido por conseguir los sueños le impone.

Ser fuertes no es suficiente, se requiere de una voluntad determinada a conseguir la meta final.

69

Solo aquel que nunca se rinde, que no abandona, que no se da por vencido, puede alcanzar lo que se propone de la vida. Comprende que las dificultades en el camino de la vida son su mayor fuente de crecimiento y desarrollo. Nunca una persona que abandona una meta ha sido capaz de alcanzar un objetivo.

La perseverancia es necesaria cuando en el desarrollo de tu proyecto, los obstáculos no te dejan avanzar y parece perdido el horizonte. Persistir es aquí tu tronco de salvación para salir adelante.

Es en esta obstinación por conseguir tus sueños, cuando te conviertes —a los ojos de otros— en una persona rara, fanática, y obstinada. Te rechazan, se burlan de ti, porque no tienen la visión que tú tienes del futuro. Cuando los resultados llegan, te dicen entonces que tuviste suerte.

Una voluntad fuerte y decidida es más valiosa que el talento. El talento que no se utiliza se atrofia y el talento que no se aplica nada es.

Todo lo que nos sucede en la vida tiene oculto un propósito, *"cada problema lleva en si la semilla de una gran oportunidad,"* dijo alguien. Somos una complejísima combinación bioquímica que genera la fuerza más potente jamás conocida: la voluntad. Nada puede detener a un hombre o una mujer con un propósito claro y la absoluta decisión de realizarlo.

¡Cree en tus sueños y con amor y perseverancia un día serán realidad!

Fracaso

"El éxito es aprender a ir de fracaso en fracaso sin desesperarse." Winston Churchill.

En incontables ocasiones, intentando conseguir los objetivos propuestos en tu vida, ves como los resultados no son los esperados. Pueden llegar incluso, a verdaderos desastres, que te sumergen en estados emocionales de frustración, apatía, depresión, y estrés.

El fracaso no es más que un, resultado diferente al que esperabas de un hecho, o hechos concretos de la vida. El fracaso debes verlo como la conclusión necesaria y útil, que el carácter depara y necesita para el desarrollo de las fortalezas y experiencias.

¿Cómo salir de estas rachas reiteradas en situaciones difíciles y decirle adiós al fracaso? Esta es la interrogante más compleja a la que se puede enfrentar una persona en esa situación. La puerta de salida en ese estado de cosas, depende únicamente de la actitud que asumas ante los fracasos.

Podemos hundirnos más, si dejamos caer nuestra autoestima y permitimos que el ego tome el control. El ego siempre necesita culpables, responsables de lo que nos corresponde asumir; fuimos nosotros los que, con nuestras decisiones, llegamos a ese estado, por lo tanto, nos corresponde encontrar el camino de salida. En múltiples ocasiones pretendemos salir de la situación en que nos encontramos haciendo uso de los mismos métodos utilizados con anterioridad, lo que conlleva a que se agrave aún más la frustración.

La humildad y el autoconocimiento son el punto de partida hacia una reversión apropiada. Necesitas saber en qué situación te encuentras y cuáles son las fortalezas y debilidades para reorientar la ruta a seguir. Afortunadamente la persona que entra en el camino del fracaso, no es la misma que sale del otro lado. El fracaso es la oportunidad magnífica para rehacer la vida y darle un nuevo sentido al futuro.

Todas las historias de éxito son el resultado de haber superado grandes fracasos. Los obstáculos en el proceso para conseguir los sueños y metas en la vida, son los que permiten ponerte a la altura de la grandeza de los mismos. Un hombre que se reta a si mismo encontrará las fortalezas para cumplir sus objetivos, aunque todas las fuerzas del universo vengan en su contra. A las personas mediocres la vida nunca les pondrá obstáculos en su camino, pues ellos mismos cargan con su mayor obstáculo: la mediocridad.

Lo difícil del fracaso no es la repercusión física que el mismo produce, sino la huella emocional que este deja en la persona si no está educada en ese sentido. Saber manejar adecuadamente los próximos pasos a seguir, es la misión para no volver a enfrentarte a la misma situación.

La perseverancia y la resiliencia son los recursos que tu carácter debe asumir en el próximo desafío. Nunca te dejes vencer por el fracaso y jamás debes claudicar o rendirte, porque cuando esto sucede, estas entrando en la zona de la muerte, y es allí, donde el fracaso ganó la batalla.

Saber tomar control de nosotros mismos y de nuestras emociones en los momentos difíciles, es el eje central desde donde nuestro comportamiento debe manifestarse. La fe profunda de que la vida va a mejorar es el instrumento más poderoso para salir adelante. No te dejes llevar por miedos infundados, por críticas y comentarios destructivos.

Para superar situaciones difíciles que afectan tu estado emocional debes ser humilde para pedir ayuda a las personas correctas o recurrir a profesionales especializados, y si lo puedes hacer por ti mismo, debes estudiar los consejos para casos de depresión y estrés.

Cada hombre lleva dentro de sí su fuerza y su debilidad; es en las adversidades donde estas se revelan. La fortaleza humana radica en la paz interior que tú eres capaz de generar cuando sabes controlar las emociones producidas por situaciones en extremo adversas y desagradables. La verdadera fuerza que necesitas en situaciones adversas, te permite tener control de los actos, sin quejas ni críticas, sino con un profundo estado de conciencia, que te facilita tranquilizar la mente y tener el control de las circunstancias.

Esta fuerza se desarrolla como resultado de años de entrenamiento, meditación, diálogo interno, y la creencia absoluta que todo lo que está sucediendo es parte de un proceso de evolución y desarrollo personal, enfocado hacia fines mayores.

Tu fuerza interior se combina con tu voluntad inquebrantable para alcanzar todas las metas y proyectos que te propongas en la vida, no importa cuántas veces te toque fracasar; porque el fracaso es parte del proceso para alcanzar el éxito.

Tu fuerza interior se nutre con la visión de un estilo de vida futuro a la altura de las expectativas que te propongas.

Practicar la meditación regularmente, unido al ejercicio físico y la buena alimentación es muy importante, por los beneficios que estos producen. Hay que salir de los malos ambientes y de las compañías que te debilitan.

Recuerdo que a los 29 años decidí abandonar la abogacía, luego de tres años de trabajo y cinco de universidad; para mi familia y amigos aquello fue una locura, pero tenía muy claro que la frustración que me imponía continuar con el ejercicio de mi profesión, no se podía prolongar más tiempo. Sin saber que hacer me fui a vivir a casa de mi madre, sin dinero, sin trabajo y con mi hija recién nacida...

Fue en aquel momento que tomé la rotunda resolución de ir por mis sueños, aunque no supiera cuales eran, a continuar en una vida sin sentido. "Sobrevivo a seré huésped de la calle" –me decía a mí mismo.

Así comenzó mi camino el mundo del arte, los volúmenes, las formas, la escultura y la poesía. Tres años después había ganado todo el dinero que en mi profesión me hubiese llevado 30 años ganarlo.

Éxito

"Si avanza usted con seguridad en la dirección de sus sueños, si intenta vivir la vida que ha imaginado, dará con un éxito inesperado en tiempos normales". Henry David Thoreau.

El éxito consiste en poder dedicarnos a lo que nos gusta y que por añadidura nos garantice la vida.

El primer requisito para ser exitoso es saber cuál es nuestro propósito en la vida; determinar cuál es la actividad que nos va a permitir descubrir nuestros talentos y poder entregarnos a ellos; llámese arte, deportes, oficios, servicios, profesiones, etc. Una vez descubierta esta primera parte, lo segundo es decidir llevar esa actividad hasta su más elevada condición.

El éxito es el conjunto de objetivos que nos planteamos en el recorrer de nuestra vida y que vamos consiguiendo en la medida que trabajamos y avanzamos hacia ellos. Una vez alcanzados, nuevos proyectos y metas vuelven a surgir y así sucesivamente hasta que nuestro tiempo de vida termine.

En este recorrido persiguiendo los sueños y metas vas a encontrar además múltiples obstáculos y retos que te van a ayudar a adquirir la experiencia, el carácter y la fuerza necesarias para las acciones futuras.

Hoy en el comienzo del siglo XXI no podemos entender el éxito empresarial sino viene acompañado del éxito de las otras personas que forman parte del equipo de trabajo. A pesar de los múltiples remanentes de la era industrial, de los conflictos mundiales y regionales generados por ambiciones políticas y territoriales, diferencias religiosas, y de género, existen múltiples maneras de llevar información provechosa a cualquier lugar del globo terráqueo.

El éxito puede ser alcanzado solo por los emprendedores dispuestos a pagar el precio, a persistir, a poner a prueba su voluntad hasta conseguirlo.

Para aquellos que incluso se inclinan por un camino espiritual profundo y dejan a un lado los efectos materiales —hombres que viven como santos, como eremitas en búsqueda de la iluminación o el nirvana— no pueden dejar a un lado los principios del éxito, pues siempre tienen que comenzar con un fin en la mente, un sueño, una idea, que les inspire y les haga tener el deseo ardiente de conseguirlos.

Para tener éxito hay que tomar la decisión de querer conseguirlo, encaminarse mediante un plan de acción a encontrar los espacios y las condiciones para comenzar el trabajo; tomar el camino del héroe que lucha por su auto transformación mediante el trabajo, la disciplina y la dedicación y si no lo consigue, persistir con dolor y con sangre hasta conseguirlo —o morir en el intento—. No ha existido una historia de un hombre de éxito que no cuente con estos ingredientes.

Dinero

"Si quieres conocer el valor del dinero, trata de pedirlo prestado". Benjamín Franklin.

¿Conoces a alguien que sienta amor por el aire?; ¿Conoces a alguien que sienta amor por el agua?; ¿Conoces a alguien que ame al dinero?

El agua, el aire y el dinero son elementos esenciales para conservar la vida. ¿Por qué no nos preocupamos en conseguir el agua o el aire siendo más importantes para la vida que el dinero? A nivel subconsciente sabemos que siempre están ahí, el aire y el agua, nunca se van a agotar, porque conocemos el ciclo que llevan en la naturaleza. En situaciones excepcionales o en lugares que por su geografía puedan escasear de manera sobresaliente, se convierten en prioridad uno, por ejemplo: para un buzo que se le agota el aire en el tanque de oxígeno o para un montañista que se encuentre sobre 8000 metros de altura, el aire es su bien más preciado. Para un hombre perdido en el desierto o que vive en lugares áridos, el agua es un elemento vital.

El dinero, por su parte, es prioritario para todos por igual hasta que se obtiene; pero fluye de manera diferente: el dinero se ingresa por la cantidad de personas que seas capaz de impactar con tus bienes y servicios. Muchas personas que se beneficien con la actividad que realizas, dan lugar a un flujo de dinero en recompensa; y viceversa, a menor personas favorecidas, menor cantidad dinero ingresas a tu bolsillo.

Las especulaciones desmedidas en operaciones bursátiles hacen que vivamos en una burbuja financiera ficticia. Según palabras de Joan Melé:

"El dinero es a la sociedad, lo que la sangre el al cuerpo... tiene que fluir correctamente porque si no, enferman"

El dinero tiene tres funciones específicas: comprar bienes y servicios; ahorrarse como un capital activo y morir. Debe donarse aquella cantidad que sobrepase las expectativas de supervivencia y seguridad.

El dinero como valor de cambio pierde cada vez más su valor, desde que en 1971 Richard Nixon decidió eliminar unilateralmente el respaldo en oro del dólar en Estados Unidos y a partir de 1973 en el resto del mundo. El hecho permitió la impresión del papel moneda al libre albedrio por parte de los gobiernos y los bancos. El dinero es un pedazo de papel, por lo tanto, no es ni bueno ni malo.

¿Dónde radica el verdadero valor del dinero?

El valor del dinero lo brindan un reducido grupo de familias que ostentan el poder en el mundo por encima de los gobiernos, los bancos, el sector económico y de servicios. Estos representan el 1% de la población mundial y manipulan al resto del mundo a sus antojos, pues sustentados en ese poder hacen fluctuar burbujas económicas en diferentes sectores que les permite mover la economía, las finanzas, la religión y la política adonde les resulte más conveniente.

Estos grupos de poder no están dotados por poderes sobrenaturales ni pertenecen a clanes religiosos elegidos por Dios, sino que han sabido crear los mecanismos de creación de riqueza material y de control sobre ella, que le permiten ejercer su dominio unilateral sobre el resto de la humanidad sin importar sus consecuencias.

Se requiere un elevado nivel de conciencia e información para entender estos postulados. El mundo cambió radicalmente con la globalización y las formas de generar los ingresos se han modificado: en la era tecnológica un puesto de trabajo es la manera más insegura de generar ingresos, porque puedes ser sustituido por una máquina o pueden mudar la planta de producción u oficina a otro país.

Si logras adaptarte al cambio y generar un flujo de dinero que te permita elevar la calidad de vida, también es importante que entiendas, que si no evolucionas respecto al concepto que se tiene de la riqueza y continúas enfocándote en la simple obtención de bienes materiales, lujos caros, dinero y ostentación de poder, estás dándole continuidad a los cánones de riqueza obsoletos de la era industrial.

¿Qué lugar ocupa la riqueza en la felicidad? ¿Cómo podemos insertar el sentido de la vida en la definición de riqueza? La felicidad es una condición del espíritu que el dinero no puede comprar, el dinero te puede acercar, te facilita la vida, contribuye en la solución de problemas, pero no es la felicidad.

Por la importancia que tiene en la vida del hombre el manejo del dinero, es necesario saber que si no te riges por una disciplina financiera correcta los problemas económicos no van a desaparecer. Es imprescindible tener control sobre tus ingresos, gastos y ahorros, para evitar el derroche o las malas inversiones. Crea una fuente de ingresos donde no se requiera de tu presencia para que el dinero se multiplique como es el caso de las rentas inmobiliarias o los negocios de multinivel.

Si no adquirimos conciencia con relación al dinero, vamos a permitir que, por amor a este, se continúe contaminando el planeta; que el maltrato, la explotación animal y humana continúen; que los recursos naturales se exploten irracionalmente; que la deforestación no se detenga; que la industria militar aumente la producción de armamentos y equipos para la guerra; y que las guerras y los conflictos continúen.

Riqueza

"No es más rico quien más tiene, sino quien menos necesita." Buda.

La riqueza es un término tan ambivalente como indefinible; al abordarlo tenemos que redefinir conscientemente nuestra tabla de valores y los objetivos que perseguimos.

La riqueza en su esencia es compleja, pues ¿Qué es la riqueza? ¿Cómo se puede entender? ¿Acumular más patrimonio es riqueza? ¿Cuántas personas terminan con sus vidas voluntariamente teniendo sus necesidades patrimoniales cubiertas? ¿Cuántas personas viven en suntuosas residencias, con un derroche de abundancia a su alrededor y su mal carácter los convierte en personas totalmente repulsivas? ¿Cuáles son realmente los parámetros de la riqueza?

La verdadera riqueza consiste en alcanzar un estilo de vida que te permita ser la mejor versión de ti mismo, sustentado en una vida con sentido y una felicidad perdurable. La riqueza se manifiesta en el estado de satisfacción que un hombre tiene con su vida familiar y social, en la economía y los negocios, el arte, la salud, la fe o cualquier otra actividad que le genere bienestar material y espiritual, unido a una paz interior profunda capaz de generar la calidad que su vida requiere.

Para un mercader, ser rico es poseer un gran patrimonio; para un banquero es disponer de mucho dinero; para un monje en continuo retiro es el silencio y la paz interior. Aquello que anhelas y que consigues se convierte en su bien más valioso. Para un filósofo que vive pensando, ¿cuál es su riqueza? ¿A un niño, que le hace rico? ¿O es que la riqueza es un término exclusivo para los adultos?

El interés patrimonial viene ligado al hombre desde sus orígenes, conseguir bienes utilitarios y alimentos en abundancia era para los antiguos ancestros su mayor prioridad, en aras de su propia supervivencia. Luego el tema patrimonial evolucionó hasta convertirse en la condición fundamental para una jerarquía social, esta es también la causa del surgimiento del matrimonio y la familia.

Cuando el hombre primitivo, por sus actividades de producción, acumuló un patrimonio considerable y conscientemente se da cuenta de la cercanía de la muerte, ve la necesidad de un heredero a quien transferir su fortuna y establece en el linaje sanguíneo la vía de sucesión. Esta transacción es la manera de asegurarse que sus bienes continúen en propiedad de su clan familiar, de ahí la importancia de la monogamia y sellar la unión con su consorte en un vínculo legal: el matrimonio.

El hombre al adquirir suficiente patrimonio para garantizar su vida ilimitadamente, ¿qué le incita a continuar acumulando capital, bienes o territorios? ¿Dónde están los límites de la riqueza? El ego nunca tiene fin, su naturaleza siempre insatisfecha demanda continuamente de más riqueza material, de poder. El ego es una de las causas fundamentales que le impiden al hombre poner límite a la voracidad material.

La codicia desmesurada, común en las más grandes empresas, gobiernos e instituciones financieras son, por una parte, la causa de las desigualdades en el mundo, y por la otra, el conformismo y la falta de ambiciones de una gran parte de la población. El equilibrio de la riqueza debe estar sustentado en el entendimiento consciente del individuo, del estado y las instituciones, ya que los estándares de vida fundamentados en un tener desmedido, son la causa número uno de la destrucción medioambiental.

El dinero no nos lleva a la felicidad sin embargo crea las bases para que la felicidad se manifieste. El fin último en la vida es alcanzar la felicidad y constantemente la buscamos afuera, en lo material, sin darnos cuenta que la felicidad es una condición del espíritu.

Somos seres espirituales viviendo una experiencia en un mundo material; nuestra verdadera esencia es intangible, el ser; pero necesitamos disponer de cierto nivel patrimonial para mantenernos con vida; en el equilibrio nos armonizamos y conseguimos sobreponernos a la mera supervivencia. Para hacer de nuestra vida algo más que una confortable presencia en esta tierra, tenemos que encontrar la razón y el propósito que nos mantenga despiertos y presentes a cada instante. Cuando el hombre abandona esa obsesión materialista, adquiere una conciencia más profunda de su realidad, y su naturaleza comienza a acercarse al verdadero objetivo de vivir: la felicidad.

La verdadera riqueza de cada hombre está en descubrir su pasión y realizarla conscientemente. Todo lo que un hombre dibuja con claridad en su mente lo consigue en el mundo real. No existe nada imposible para un hombre que ha encontrado su dicha.

CAPÍTULO V

Sistema educativo

"La educación es el arma más poderosa para transformar el mundo". Nelson Mandela

La civilización humana, como hoy la conocemos, ha trascurrido, en el curso de su historia, por cuatro etapas tan definidas en el tiempo como específicas por su naturaleza:

- La Comunidad Primitiva
- La Era Agrícola
- La Era Industrial
- La Era Digital o Era de la Información.

En cada una de ellas la educación del hombre ha seguido un curso que la ha llevado a centrar sus objetivos pedagógicos según los intereses clasistas de quienes ocupan el poder; ahora se encuentra, la educación, en el momento de una inminente y demoledora transformación.

Desde los albores de la vida humana el hombre ha transferido sus conocimientos de una u otra manera, y siempre el dominio de la información estratégica ha constituido un medio de dominación.

Cuando analizamos los estadios de la historia humana comenzamos por la primera era: la Comunidad Primitiva que comprende desde la aparición de la raza humana sobre la tierra, hasta que el hombre decidió asentarse para cultivar la tierra y desarrollar la ganadería. En esta primera etapa el hombre vivía de la naturaleza, cazando, pescando y colectando frutos y semillas para su consumo y el intercambio de los excedentes con otras tribus, así garantizaba su subsistencia. El aprendizaje apenas comenzaba y la educación tenía un carácter meramente experimental: prueba-error.

La primera transición de la Comunidad Primitiva a la Era Agrícola, ocurre cuando el hombre dejó de llevar una vida nómada y aprendió a cultivar los cereales y otros productos de la tierra; comenzó a domesticar a los animales y a darse cuenta de los beneficios de una vida más sedentaria, hasta que deciden establecerse en lugares definitivos, haciendo de la tincipal fuente de riqueza. La educación en este periodo comienza a surgir y se convierte en un lujo que solo algunos se podían permitir, se trasmitía a aquellos con derecho a recibirla, descendientes de los poseedores y dominadores del conocimiento.

La segunda transición de la Era Agrícola a la Era Industrial ocurre cuando el hombre comenzó a mejorar el sistema de producción de bienes materiales a través de las maquinas dando lugar al surgimiento de la industria y al sistema de producción capitalista. La industria es aquí el principal medio de producción y la fuente del capital y la riqueza.

La segunda gran transición es consecuencia del progreso tecnológico de una parte de la sociedad que emprende nuevos caminos sobre otra que se hace más obsoleta. La invención de la imprenta por Gutenberg, es el avance tecnológico más impactante y que estableció un antes y un después en todas las ramas del saber, del arte y la sociedad.

El hombre comienza a convertirse en el centro neurálgico de la sociedad y a conquistar los derechos que le son inherentes como ser humano: Libertad, Igualdad, y Fraternidad.

Como consecuencia del triunfo de la era industrial se hizo imperativo preparar técnicamente a los operarios de las fábricas, a fin de incrementar su rendimiento laboral, y surge así el sistema educativo que la sociedad ha institucionalizado por años. El objetivo de la educación es preparar empleados, con un mayor o menor conocimiento técnico para operar en la industria. Surge aquí el paradigma:

"Estudia para que tengas un buen trabajo."

La indetenible avalancha de la vida en el curso de la historia genera una nueva transformación en la sociedad: la tercera transición, de la Era Industrial a la Era Digital o Era de la Información que comienza en la década de 1960 y transcurre hasta nuestros días. Ya no es la industria, ahora es la tecnología y la información: comienza la era del hombre, la era del emprendedor.

El Internet es ahora el descubrimiento que realiza la revolución más impactante que jamás haya existido y que sacude con más dimensión las bases de todo cuanto el hombre haya creado, haya descubierto o haya imaginado hasta el momento.

85

El Internet y la libre transferencia de información, hacen obsoleto e inadecuado al viejo sistema educativo e imponen el surgimiento de una nueva forma de enseñar y educar a través de nuevos modelos pedagógicos que sirvan para transformar al hombre y le ayuden a descubrir el sentido de su vida, sus talentos, y le muestre el camino para alcanzarlo.

Hay dos aspectos a analizar aquí: primero, la transición tecnológica ya ocurrió, segundo: la transformación del hombre está comenzando. El hombre por primera vez se hace el centro de la reforma, desde su interior, no como un ente social sino como un ser individual, especial y único.

Estamos en el umbral de este reconocimiento, que no le ha sido otorgado, sino que le corresponde por su propia naturaleza, y aún queda algún tiempo para su total comprensión y manifestación.

Como consecuencia del cambio de era es imperativo generar una nueva manera de ejercer la pedagogía, que centre su enseñanza en hacer del hombre un ser libre y pleno, capaz de afrontar la vida por sí solo, fuera de la aparente seguridad laboral y el paternalismo del estado; que le permita emprender el camino de su auto realización con una conciencia más profunda y como un ser más empoderado en sí mismo.

La nueva educación está sostenida por varios tipos de información que preparan al hombre para un desenvolvimiento integro de su vida social; laboral y de negocios; personal y familiar. Esta nueva educación se enfoca en cuatro aéreas de conocimiento fundamentales:

1. La educación emocional.

2. La educación elemental básica en diferentes niveles.

3. La educación financiera.

4. La educación técnica y profesional.

Este modelo educativo ya es una realidad, se aplica en centros de altos estudios para alumnos de élite y también es utilizado por un nuevo modelo económico surgido y consolidado en esta última transición: Las compañías en redes de mercadeo, así como por personas que han creado sus propios sistemas siguiendo a su manera estos principios educativos.

El modelo educativo que se ofrece en algunas redes de mercadeo está enfocado en lograr desarrollar en el ser humano todo el potencial que tiene como individuo, para que sea capaz de ofrecer un mayor servicio a la sociedad.

Es un programa educativo humanista. Tiene como objetivo transformar al hombre y ayudarle a alcanzar su plena libertad; la persona es libre para educarse o no, de manera voluntaria y continua, como dijo José Martí:

"La educación comienza en la cuna y termina en la tumba".

El fundamento de todo el sistema radica en dos pilares fundamentales: *la asociación y la información. La asociación* con personas exitosas o que estén en el camino del éxito, mediante seminarios o encuentros empresariales, y *la información* sobre principios de éxito, principios de desarrollo humano y fórmulas para lograr hábitos de excelencia, que se logran a través de libros, videos y audios.

Es un sistema educativo caracterizado por la coherencia de la persona que ejerce la educación, pues tiene como requisito que el maestro haya conquistado ya los resultados que promete. El maestro es un fin en sí mismo, porque se encuentra en el peldaño inmediato al que aspira el alumno y el alumno sabe que si se esfuerza lo puede superar.

En esta nueva educación se priorizan los valores, los principios, se le restablece al hombre su capacidad de soñar y la confianza en sí mismo para alcanzar esos sueños; y desarrolla la disciplina y la autodisciplina como herramientas necesarias para lograr cualquier objetivo propuesto. Centra toda su atención en desarrollar en el hombre su inteligencia emocional, para superar los miedos, y para persistir en la conquista de sus sueños.

La sociedad contemporánea demanda de personas emprendedoras y solo a través de un modelo educativo con estas características se puede lograr del hombre esa transformación que le permita andar su propio camino.

Proceso

"Cambiar es hacer morir a la oruga en bien de la mariposa." Isidro llano.

Cambiar es la decisión más común y al mismo tiempo, la más difícil de asumir por el hombre. Cambiar implica comenzar a borrar toda una serie de creencias, hábitos y costumbres que se han creado a lo largo de su vida para ser sustituida por una nueva información. Con el tiempo se van a modificar los viejos patrones de conducta, por nuevos conceptos, valores y conocimientos que derivan en una nueva actitud, y como tal, en un nuevo comportamiento.

Para poder cambiar es necesario que la persona, entienda la importancia y repercusión presente y futura que el cambio le va a proporcionar en su vida; y los beneficios y mejoras que irremediablemente le van a ocurrir, en el orden familiar, profesional y personal.

Cambiar presupone autoconocimiento. Saber quién eres y que quieres en la vida; dos de las interrogantes más importantes para cualquier ser humano. De sus respuestas surge el camino que vas a seguir y a través del cual tu destino puede ser conquistado.

La vida se dispone a desplegar un proceso de cambios y transformaciones que a lo largo del tiempo te van a permitir convertirte en la persona adecuada para cumplir la misión de tu vida, cualquiera que esta sea. Durante el transcurso de la vida nos enfrentamos a una serie de micro procesos, unas veces adaptativos, otras transformacionales, que van a permitir paso a paso alcanzar la felicidad y el éxito.

El que emprende un proyecto nuevo se somete también a atravesar un proceso de cambios en su vida que, conjuntamente con la nueva empresa, le van a transformar y convertir en un ser más elevado, más consciente y más pleno. El proceso no ocurre de manera espontánea, sino que la persona debe tomar una decisión, y ser consciente de que su éxito depende de su constancia, educación y trabajo.

La primera aventura de emprendimiento en la vida de todo hombre sucede en el momento de abrir sus alas y comenzar su propio vuelo, al desprenderse del calor familiar y determinar su propio camino. Puedes ser criticado o alabado; apoyado o desamparado; pero una vez que el vuelo comienza, ya no hay retroceso. Te enfrentas a los primeros molinos y escuchas ladrar a algunos perros.

Comienzas a asumir los riesgos y los fracasos, pero también a experimentar el propio descubrimiento, los primeros resultados y lo más importante, te das cuenta que no fue en vano; la maravilla aparece y convierte a la aventura en un teatro mágico, donde sientes el fluir de la sangre y el frenesí de la existencia.

Excepcionalmente esta primera aventura se emprende solo, lo más común es lanzarse a la conquista de la vida con alguien más: los amigos, esos seres que cumplen su propia misión y llevan el añadido de acompañarnos en la nuestra. Las huellas de esta primera experiencia van a repercutir en toda la vida posterior.

Con los años esta aventura inicial toca su fin y el apotegma: "Estudia para que tengas tu propio negocio" hace su presencia. Te encomiendas en terminar carreras profesionales o técnicas para asumir el destino económico, trabajando para otros o asumiendo tus propios negocios.

Muchas son las personas que sin saber cómo hacer y levantar un negoció, lo intentan. En este preciso momento comienzan un nuevo ciclo de transformación y se convierten en expertos de la materia, al poner a funcionar la nueva empresa que han creado. La educación y el trabajo van a determinar el éxito o no de la misma. En caso de tener éxito, la empresa se sigue expandiendo y nuevas se incorporan; si fracasa se cierra, se aprende la lección y se comienza a estudiar en cual nuevo proyecto se va a emprender.

A este tipo de personas pertenece apenas el 5 % de la población laboralmente activa, el otro 95 % se la pasa trabajando para los que se atreven a asumir sus propios riesgos. Estos porcentajes tienen que cambiar y no necesariamente de manera espontánea, requieren del trabajo arduo de todos aquellos que han alcanzado a entender la esencia de las nuevas relaciones de producción y se encaminen a ayudar a otros a conseguir su independencia financiera.

Las personas que comienzan un proyecto nuevo y lo desarrollan exitosamente tienen en común que saben que no va a ser fácil y tienen un precio que pagar: en dinero, en tiempo y en emociones. Comienzan siempre con la creencia de que lo van a conseguir. Están dispuestas a educarse a trabajar y tienen la mente abierta a cualquier idea que les ayude y sea beneficiosa. Se arman de un equipo de trabajo fundamentado en la confianza mutua y el deseo de alcanzar el éxito con el trabajo duro y constante. Son conscientes de que la manera más fácil de fracasar es abandonar sin haberse entregado al máximo.

Este proceso va a prolongar el tiempo de su realización, por la dimensión de los objetivos a alcanzar, y por el nivel de preparación y ambición de quien lo construye. Es importantísimo respetar este tiempo, porque en este mismo proceso en cuando se van a forjar las fortalezas del líder, su sabiduría para tomar decisiones importantes, su conocimiento, y la habilidad para desarrollar el trabajo exitosamente. Es también cuando la persona desarrolla su potencial y se convierte en una mejor versión de sí misma, descubre sus valores y debilidades, y reconoce el valor de la ética y los principios aplicados a su trabajo.

Por otro lado, hay personas que desde que nacen les ha tocado desenvolverse en ambientes donde no existe el espíritu emprendedor y están tan condicionados a una vida impersonal, que se convierte en un reto descubrir su propia naturaleza.

Aparentemente la personalidad de un hombre se ha formado siguiendo los principios de convivencia preestablecidos, y al preguntarse ¿cuál es el propósito de la vida? se da cuenta de que todos los valores establecidos están viciados por una voluntad anterior, las leyes y los credos religiosos lo perpetúan, sin ninguna oportunidad alternativa para vivir diferente. Una revolución puede romper tales normas, pero instalará también las suyas.

El hombre pierde su independencia cuando se suma al orden colectivo, para su supervivencia demanda de la sociedad en la que vive, porque así sucedió desde que nació y al mismo tiempo vive aislado en su micro mundo de apariencias. La sociedad y el estilo de vida occidental hacen del hombre un ser carcomido interiormente, centrado en el consumismo material para vivir al estilo que esa sociedad le impone.

La existencia de líderes políticos y religiosos manipulados por clanes que disponen del poder real, hacen que se perpetúen estilos y formas de vida que mantienen al hombre alejado de su verdadera naturaleza: su mundo espiritual y sus talentos.

También hay quienes por miedo a asumir un desafío de esta naturaleza jamás se atreven a vivir su propia experiencia.

Conciencia

"Solo la conciencia te vuelve humano, sin ella, el hombre es un animal más" Isidro Llano.

La conciencia es el atributo del ser humano para estar despierto frente a la realidad exterior, frente a sí mismo y frente a su lugar en el universo.

La conciencia comienza a formarse de igual manera que se forman las creencias, van de la mano; primero de manera subconsciente mediante la información que recibimos de nuestros padres y familiares, amigos, pastores y ministros religiosos, de la escuela, de los partidos políticos, de los medios de comunicación hasta que hasta que termina su formación de una manera manipulada y tergiversada por diversas influencias del entorno socio-cultural.

El otro proceso de formación de la conciencia comienza desde ti, partiendo de tu propia deducción, de tu propio análisis, de tu propia experiencia de vivir, lo que da lugar a que una nueva verdad comience a surgir y a manifestarse; es la verdad de tu ser que se libera del ego y entra en armonía con Dios; al inicio de manera intermitente, luego en ascendente progresión.

Tu conciencia se va fundiendo con la conciencia divina y comienzas a ver la vida desde su verdadera esencia, la conciencia deja de ser un atributo y se convierte en el núcleo de tu ser. Tu conciencia, tu personalidad y tu ser se armonizan y la resurrección como un nuevo hombre se produce, pleno de alegría, deseoso de vivir la mágica aventura de su existencia, experimentando ahora a la vida como una armonía irrepetible.

La conciencia se rige por la fusión de la intuición y el conocimiento, guiados por una voluntad de propósito bien definida y encaminada al bien común, que sustenta al bien personal. Tomar conciencia es adquirir un estado mental en el que no te riges por leyes o mandatos externos, sino que la norma efectiva en la vida se instituye desde el ser, desde tu interior.

No se hace necesario un régimen de control inducido desde el estado de derecho, desde la iglesia o desde cualquier otra institución jurídica o personal; la autoridad se ejerce desde nosotros para nosotros mismos, y en esa misma medida influenciamos a otros para que actúen de igual manera.

La conciencia se manifiesta en el hombre a través de sus decisiones y sus actos consientes o inconscientes, voluntarios o involuntarios. Es un mandato interior que le impide actuar o no, dependiendo de cada suceso, y de los factores que lo producen. Está dado por una combinación de factores mentales, que han sido grabados en el subconsciente por la información que se ha acumulado, como secuela de la educación y las experiencias de la vida, que gobiernan la mente consciente.

Cuando el hombre pierde la conciencia, entonces mata, roba, y miente... Se requiere de mucha fuerza interior para actuar sin ser forzado por normas jurídicas o religiosas que impongan un comportamiento determinado. La religión y la política son los dos elementos que más carcomen la voluntad humana.

Ser coherentes es la forma más eficaz de ser conscientes. El hombre que traza las normas de conducta para sí y las conecta con los seres más cercanos de su vida privada, y luego las extiende al resto de la humanidad, es aquel que no necesita cartas de presentación para moverse en el mundo. Hace lo que dice guiado por lo que piensa.

Liderazgo

"Un líder es la persona que inspira a otros para conseguir sus metas y sueños en la vida. El maestro es quien les enseña a que vayan solos." Isidro Llano.

En el momento que una persona decide emprender un proyecto nuevo, asume también un desafío. Sabe o debe saber, que en el camino a su ejecución va a encontrar muchos obstáculos. Que deberá involucrar a otras personas para su solución, ya se trate de una obra política, empresarial, religiosa o humana. La ejecución de la empresa en sí y la magnitud de la misma, derivan a la necesidad de asumir un liderazgo inteligente, que le permita conseguir los fines propuestos de manera exitosa.

El liderazgo en sí mismo presupone un comportamiento ante la vida, que está más allá de una simple actitud; pues va de la mano con la empresa que se quiere construir. Al incorporar a otras personas en este propósito, contrae también la responsabilidad, de mostrarles el camino a seguir en la ejecución de la misma. El liderazgo también es una responsabilidad asumida a fin de impulsar a otras personas a conseguir objetivos comunes.

Un líder es la persona con una visión hacia el futuro, capaz de generar en su mente, la imagen más cercana a la realidad, del proyecto que va a realizar; así como de expandir la visión de los otros que están involucrados en el proceso ejecutivo, y que en un futuro asumirán responsabilidades mayores.

Un líder sabe comunicarse y cuenta con habilidades intangibles que le dan la capacidad para atraer y conectar, así como influenciar a otras personas, a que consigan su objetivo, lo cual lo convierte en un experto en relaciones humanas.

Un líder capaz es una persona con una intuición profunda, todo un profesional y experto en la materia en que se desenvuelve; cuenta con una alta capacidad de trabajo, de sacrificio, y una fuerza de voluntad vigorosa para resolver grandes obstáculos. Está capacitado para mantener siempre elevada la pasión y el deseo de tener éxito.

El verdadero líder actúa y deja actuar impulsado por la confianza y el respeto; sabe escuchar y perdonar sinceramente cualquier falta de las personas bajo su mando; no tiene miedo de bajar su cabeza, huye de la arrogancia, y posee una gran humildad, como su más sagrado talismán. Tal es el caso de Gandhi, Mandela o La Madre Teresa de Calcuta.

Los falsos líderes que esconden tras su imagen la idea alimentada por el ego, se creen seres superiores, con poderes supra-naturales, o presumen que han sido elegidos para cumplir misiones especiales: Son aquellos que han derivado en los más grandes y sangrientos dictadores de la historia, como: Hitler, Stalin, o Fidel Castro.

En ocasiones el ego asume perfiles muy sutiles que se camuflan detrás de una falsa humildad y responden a los individuos que ejercen un liderazgo mediocre, independientemente de su éxito y resultados. Necesitan seguidores donde expresar su superioridad y complementar así sus falencias: la soledad es su enemigo mortal.

El auténtico liderazgo se sustenta en el profundo deseo de inspirar a otros a que alcancen su propósito en la vida, a que desarrollen sus talentos y se conviertan en quienes realmente son, para que puedan cumplir su misión de vida. El verdadero líder muestra el camino, influye con su trabajo e inspira con su humildad. El maestro va más allá; el verdadero maestro incita a sus discípulos a que le superen, y a que desplieguen por si mismos las alas de su libertad.

El maestro no pregona ninguna filosofía, no profesa ninguna religión, el maestro te orienta a encontrar tu camino interior, a descubrir quién eres y a proyectarte al mundo exterior con toda tu fuerza, con todo tu valor, para fecundar a la existencia.

Cuando una persona no es capaz de alcanzar los objetivos que una vida plena demanda, renuncia y se rinde, se convierte en un ser mediocre, frustrado, que va por el mundo envenenado la existencia.

Tú

"Hazte quién eres." Federico Nietzsche.

El hombre está en este espacio y en esta realidad para conseguir su plenitud, para la conquista de sus más encumbrados valores, para vivir la magia de la existencia.

El mayor reto para ti es vivir en el presente, en el aquí y ahora, dos palabras para definirle. Cuando borras el pasado y el futuro de la mente y permaneces en estado de atención constante, la vida adquiere entonces su completa conformación. Entrar en el aquí y el ahora con total conciencia de su implicación te hace conjugar a la vida en una maravilla atemporal.

Vivir desde la atención plena, despojando el ruido mental que los pensamientos generan en todo momento, presupone asumir una plenitud de observación y presencia en todos los minutos del tiempo de vida. Eso no significa que haya que renunciar al pasado o al futuro, porque entre las funciones y atributos del cerebro están, entre otras, la memoria y la imaginación.

La memoria sirve para utilizar la experiencia del pasado y preparar los proyectos del presente; así como la imaginación se utiliza para dibujar el futuro.

Lo realmente peligroso es quedar anclado permanentemente en el pasado, y es esta una de las posturas favoritas del ego, pues al quedar obsesionados con lo que ya pasó: ya sea en un negocio, un país, una ciudad, una casa o una relación, no somos capaces de vivir el presente y sus múltiples oportunidades. Por el contrario, la persona que solamente vive en el futuro, otra de las posturas del ego, vive en una perpetua ilusión, en una constante fantasía que le impide proyectarse en el ahora.

Hay conceptos que deben ser revisados: no es lo mismo libertad que libertinaje; criticar que tener criterios propios; atravesar malos momentos que ser negativo; humildad que humillación.

El hombre siempre ha establecido patrones de conducta que oscilan de uno a otro extremo. Mantenerte alejado de los extremos te proporciona una perspectiva diferente en cualquier actividad que desarrolles en el camino de la vida. Dejar fuera a los fanatismos, los partidismos, haciéndote un ser más consiente, más seguro y más confiable.

Amistad es el término más elevado que se conozca en las relaciones humanas, porque la auténtica amistad lleva implícito el componente amoroso, no como un sentimiento de atracción hacia la persona amiga, sino como el elemento compasivo que acerca a los espíritus comunes a pesar de sus diferencias. La forma en que se relacionan las personas unas con otras, tiene mucho que ver en cómo nos relacionamos con nosotros mismos.

Para sabernos relacionar con otros seres humanos debemos sustentarnos en la igualdad, el respeto, la empatía, y la compasión, que nos permitan establecer puntos de partida hacia una buena convivencia, trátese del ámbito familiar, social, o empresarial.

El ego, esa parte de la mente que distorsiona quien realmente eres, es el responsable de establecer buenas o malas relaciones. El ego es tan intrínseco en el hombre que se debe aprender a convivir con él y en todo momento estar dispuestos a ponerlo bajo control a la hora de relacionarse con los demás.

El oportunismo corroe cualquier tipo de relación. El oportunista esta siempre al acecho para beneficiarse de todo cuanto esté a su alcance para luego desaparecer hacia una nueva víctima, mientras que el amigo elude cualquier beneficio, para correr la misma suerte juntos. Los amigos también cumplen su cometido y en ocasiones los rumbos se separan.

¿Podemos renunciar o aspirar a algo mejor cuando en la vida se nos ofrece un nuevo conocimiento?

¿Nos hemos preguntado de qué color vienen disfrazadas las oportunidades?

No tengo dudas de la complejidad de la vida humana y me place entenderlo. Si fuésemos más sencillos y viésemos en cada ser la plenitud y la grandeza de la inmensidad que la vida es, el mundo sería diferente.

EPÍLOGO

El propósito de todo lo escrito hasta ahora es ayudarte a hacer de tu vida algo maravilloso, para que entiendas el por qué conquistar tu plena libertad te va a permitir encontrar el sentido de tu vida y por añadidura la felicidad.

Tu actitud, sustentada en tus creencias más poderosas, determinan los sentimientos y emociones que te permiten actuar. Si eres capaz de eliminar los pensamientos negativos y tener al ego y a tus miedos bajo control, puedes llegar a conseguir lo que quieras.

Debes aprender a desarrollar tu inteligencia emocional, alimentar tu pasión y nunca perder la esperanza y la fe. Debes tomar la decisión de esforzarte por hacer realidad todos tus sueños, estar dispuesto a comenzar el camino de tu emprendimiento, para conseguir el éxito y la prosperidad personal y profesional.

Prepárate un plan de acción y cultiva la perseverancia necesaria para ahuyentar el temor a fracasar y a comenzar de nuevo. Tu meta es conseguir la riqueza y el dinero necesarios para un mejor proyecto de vida y de familia. No debes dejar nunca de educarte y de disfrutar de todos tus procesos. Expande tu conciencia e inspira a otros a desarrollar sus vidas plenamente.

Tenemos que ser enemigos de los imperios, de los dictadores, de los egoístas, de los traidores, de los farsantes, de los hipócritas, de las leyes oportunistas, de los falsos profetas, de los que se creen elegidos, de los famosos…

Oremos por los magnates del espíritu: Buda, Jesús; Teresa, Vicente, Gandhi, Mandela…

Y también hagámosles la reverencia a los más insignificantes seres forjados con humildad, a los anónimos cotidianos que inspiran desde su sencillez y nos ayudan a lanzar el grito para la más elevada transformación:

El hombre que finalmente se convierte en quien debe ser…

Made in the USA
Lexington, KY
04 December 2019